本书受中南财经政法大学出版基金资助

中南财经政法大学
青年学术文库

《全民所有制工业企业法》
的价值评估和制度前景

On the Valuation and the Prospect of

The Law of People's Republic of China's Industrial Enterprises Owned by Whole People

吴京辉 ◎ 著

中国出版集团公司

世界图书出版公司

广州·上海·西安·北京

图书在版编目（CIP）数据

《全民所有制工业企业法》的价值评估和制度前景 /
吴京辉著 . —广州：世界图书出版广东有限公司，2025.1重印
　ISBN 978-7-5192-2270-3

　Ⅰ.①全… Ⅱ.①吴… Ⅲ.①国有工业企业－企业法－
研究－中国 Ⅳ.① D922.291.914

中国版本图书馆 CIP 数据核字（2017）第 002047 号

书　　　名	《全民所有制工业企业法》的价值评估和制度前景
	QUANMIN SUOYOUZHI GONGYE QIYEFA DE JIAZHI PINGGU HE ZHIDU QIANJING
著　　　者	吴京辉
责任编辑	冯彦庄
装帧设计	黑眼圈工作室
出版发行	世界图书出版广东有限公司
地　　　址	广州市新港西路大江冲 25 号
邮　　　编	510300
电　　　话	020-84460408
网　　　址	http:// www.gdst.com.cn
邮　　　箱	wpc_gdst@163.com
经　　　销	新华书店
印　　　刷	悦读天下（山东）印务有限公司
开　　　本	710mm×1000mm　1/16
印　　　张	11.625
字　　　数	200 千
版　　　次	2016 年 12 月第 1 版　　　2025 年 1 月第 3 次印刷
国际书号	ISBN　978-7-5192-2270-3
定　　　价	68.00 元

序　言

　　《〈全民所有制工业企业法〉的价值评估及制度前景》是吴京辉在其博士后报告的基础上修改而成。我本人是她的博士后合作导师，很高兴该报告即将出版。

　　改革开放 30 多年来，作为经济体制改革的重要内容，国有企业的改革与发展取得了突出的成效。但突出的问题也比较多，特别是国有企业的双重属性使得国有企业陷入如何兼顾经济效益与社会效益的两难境地。造成这些问题的主要原因在于对国有企业的定位不够清晰。功能定位是国有企业改革的前提，而科学的法律制度则是保障国有企业功能定位准确的前提。

　　所谓良法善治，在目前国有企业改革的背景下，实际上要求立法上、制度上理顺国有企业的法律适用问题。但是，现有的双轨并存的法律制度必然导致同为国有企业适用不同的法律，思考这一问题不得不检视《全民所有制工业企业法》的现实价值，这部制定于计划经济时期的法律，经过了 30 多年的经济发展和社会变迁以及制度的变革，《全民所有制工业企业法》是否有必要保留？

　　探索《全民所有制工业企业法》的现实价值不仅是在我国企业立法和国有企业深化改革中面临的重大理论问题，而且也是在实践操作层面上重大的现实问题，但是，学者和立法者对《全民所有制工业企业法》的研究没有足够的重视。就《全民所有制工业企业法》文本的研究而言，国内研究资料尚比较匮乏，运用国有企业改革和立法后评估的交叉视角的文献尚处于启蒙阶段。吴京辉选择《〈全民所有制工业企业法〉的价值评估及制度前景》作为博士后报告，我颇感欣慰。

　　作者经过大量的田野调查和文献研究，历经三年，终于成稿。

　　文章将国有企业改革涉及的法律问题限定在《全民所有制工业企业法》的文本

框架内。将《全民所有制工业企业法》放在国有企业改革的视角下，确定其立法史上的地位，客观评价其积极作用和滞后性。研究目标在于更好地实施、修改、完善与国有企业相关的法律制度，企图为重新开展相关国有企业的立法提供借鉴和参考。

该文的特点主要如下：

第一，作者以问题为导向，采取问题对策型的研究思路，力图从制度层面上解决国有企业改革的法律问题。借助调研数据，从实践中找寻《全民所有制工业企业法》运行中所暴露出来的国有企业制度问题和《全民所有制工业企业法》的立法缺陷。书中所探讨问题的针对性——《全民所有制工业企业法》的制度价值与文章框架的体系性形成了完美的对应，建构了一个相对自足的理论体系。

第二，本书采用多种研究方法交错的方式，试图建构一个立体的理论体系。在写作中，作者也力求多视角、多侧面、全方位地审视《全民所有制工业企业法》在实践中已经暴露的种种问题并挖掘问题的根源，从而为正确评价《全民所有制工业企业法》奠定基础，进而为国有企业的法律适用探索一条切实可行的路径。

第三，对于《全民所有制工业企业法》进行全面的文本分析和立法后评估研究，根据笔者目前掌握的资料，学术界还没有系统的专门著述。本书中对现有的相关研究成果进行归纳总结，力求在理论层面上对这个问题给予系统阐述，文章的选题填补了关于该法研究的不足，在体系和观点上具有一定的创新性。

总体来看，对于国有企业改革的法律制度，作者只是做了基础研究的开端，望在后期继续努力。

华东政法大学副校长、教授、博士生导师　顾功耘

2016 年 8 月 28 日

内容摘要

本书致力于对《中华人民共和国全民所有制工业企业法》（后简称《全民所有制工业企业法》）进行全面的价值评估并根据评估结果提出合理化建议。

绪论部分对文章希望解决的问题、研究意义，国内外研究现状，本书的研究思路、研究方法及创新做了系统的交代。

第一章对《全民所有制工业企业法》的立法理论基础进行追踪。文章对《全民所有制工业企业法》制定的背景从三个方面进行了立体的考察：经济体制改革的实践、经济理论的研究和前期立法经验的积累。认为《全民所有制工业企业法》具有经济宪法的效力，在立法史上的独特地位使得该法具有里程碑意义。

第二章是关于《全民所有制工业企业法》优点分析。文章在第一章考察的基础上，进一步分析了《全民所有制工业企业法》的优点和积极作用，文章认为《全民所有制工业企业法》的立法指导思想鲜明，立法原则明确，且贯穿始终，立法技术凸显了立法的系统性、逻辑性及规范性，立法程序上注重调研，准备充分，法律内容重点突出。正因为这些优点，《全民所有制工业企业法》在当时产生了一定的积极作用，主要体现为：明确了企业的权利和义务，维护了企业合法权益，增强了企业活力，保障了全民所有制经济的巩固和发展，促进了社会主义现代化建设。

第三章论述《全民所有制工业企业法》的历史局限性。文章认为任何法律都是历史的，《全民所有制工业企业法》的历史局限性突出的表现为立法指导思想的局限性和立法技术的局限性。立法思想的局限性表现为：计划经济的身份立法、浓厚的行政管理色彩、宜粗不宜细的立法思想、调整范围游移不定等。而立法技术的局限性主要体现在：法律名称——"全民所有"指称模糊、企业治理结构规范落后、产权界定不清、立法目的难以实现等。

第四章讲《全民所有制工业企业法》面临的现实挑战。本章进一步揭示《全民所有制工业企业法》面临的现实挑战，文章从体制环境的改变到法制环境的健全、再到政府职能的转变三方面立体展示《全民所有制工业企业法》立法的制度基础已经改变。本书认为国家经济体制由计划经济转向市场经济，国家治国方略由人治向法治转变，宪法等上位法的修改凸显了《全民所有制工业企业法》的滞后性，政府职能的转变实现了《全民所有制工业企业法》的使命，《中华人民共和国公司法》、《中华人民共和国企业破产法》、《中华人民共和国企业国有资产法》的完善，几乎取代了《全民所有制工业企业法》的功能。

第五章是在前几章分析的基础上根据《全民所有制工业企业法》的评估结论与建议，推导出《全民所有制工业企业法》是一部有效无用的法律，并分析废止《全民所有制工业企业法》的急迫性。在深刻剖析废除该法必须扫清的制度障碍之后，提出全面废止《全民所有制工业企业法》的建议。针对国有企业的法律适用问题，文章深入研究国有企业类型化的合理性并对国有企业分类监管的可行性进行论证。

第六章论述国有企业类型化的法律规制，回顾国有企业的改革历程，总结国有企业改革的 30 多年教训，文章认为国有企业改革的前提是区分国有企业的性质，对不同性质和功能的国有企业，由不同的法律调整。营利型国有企业具有营利的正当性，通过国有企业的混合所有制改造，可以取得与其他企业同等的市场主体地位，以进入市场，展开公平有序的竞争。此类国有企业适用《中华人民共和国公司法》调整。公益性国有企业以社会公众的福祉和利益为出发点，为公众提供公共产品、公共服务或者准公共产品，构建《中华人民共和国公共企业法》专门调整。制定这样的法律非常有必要，因为提供公用产品和公共服务的经营主体，主要应满足国家公共政策的需要、保障民生的需要。要通过制定法律法规提供制度支持，以保证公共企业的正常经营。

关键词：国有企业　全民所有制工业企业法　废除　立法

Abstract

This article is tried to conduct a comprehensive value assessment of the *Law of the People's Republic of China of Industrial Enterprises Owned by the Whole People* and give reasonable suggestions based on the results of the assessment.

The introduction gave a systematic description of the problems to be solved, the significance, the research status both domestic and abroad,the research ideas, methods and innovations of this article.

The first chapter focused on the theoretical basis of the legislation of *Law of the People's Republic of China of Industrial Enterprises Owned by the Whole People*. The article studied the background of the law from three stereo aspects: the practice of economic reform, the study of economic theory, the case accumulation of former legislation. This article holds the opinion that the *Law of the People's Republic of China of Industrial Enterprises Owned by the Whole People* can work as an economic constitution, it is a milestone in legislative history thus it has an unique status.

The second chapter gives the advantage analysis of *Law of the People's Republic of China of Industrial Enterprises Owned by the Whole People*. On the basis of the first chapter, the article continues its further analysis of the strong points and positive effect of the law from a historical perspective. The article holds the opinion that both the guiding ideology and principles of legislation are clear and consistent. The legislative technique highlights the systematicness, logic and normalization of legislation. It also shows legislative procedures focused on research, and the legislation is fully prepared,with the legal content focused. Owing to these advantages, at that moment the law played a fairly positive role, mainly reflected in: making the rights and obligations of enterprises clear, protecting the legitimate rights and interests of enterprises, enhancing the vitality of enterprises,assuring the ownership of the whole people can be consolidated and developed,and accelerating the process of socialist modernization .

The third chapter discusses about the historical limitations of the law, the article claims that all the legislations were historical. The article then gives further analysis of the historical limitations of the article itself. They are mainly limitations of the guiding ideology and technique of legislation. As for the guiding ideology: the legislation of the planned economy,distinct administrative character,the idea of preferring giving outlines to details,the uncertainty of fields it adjusts. The limitations of legislative technique are mainly reflected in: the name of the statue-ownership of the whole people' is too vague,corporation management structure falls behind, ill-defined property rights and the legislative purposes are difficult to achieve.

The fourth chapter states the real challenges the law is facing. The article further reveals those challenges. It presents the change on the legislative foundation of the law from three aspects: the change of institutional environment, the change of legal environment and the transformation of government function. The article takes the position that as the nation's economic system has transformed from planned economy to market economy and the nation's management guiding ideology change from ruling by man to ruling by law, the amendment of constitution and higher-level law highlighted the hysteresis of *Law of the People's Republic of China of Industrial Enterprises Owned by the Whole People*, the transformation of government function realized the mission of *Law of the People's Republic of China of Industrial Enterprises Owned by the Whole People*, corporate law,bankrupt law and state-owned assets enterprises law perfectly took the place of *Law of the People's Republic of China of Industrial Enterprises Owned by the Whole People*.

The fifth chapter of *Law of the People's Republic of China of Industrial Enterprises Owned by the Whole People* draws the evaluation conclusion and gives suggestions based on the analysis of the first few chapters, giving te deduction that *Law of the People's Republic of China of Industrial Enterprises Owned by the Whole People* is an valid but useless statute,and analyzing the urgency and obstacles of abolishing it,then made the suggestion of fully nullifying *The Industrial Enterprises Law Owned by the Whole People of The People's Republic of China*. Pointed at the application of law regarding stated-owned enterprises,the article deeply researched the rationality of typing stated-owned enterprises and argued about the feasibility of supervising those enterprises based on their types. Finally,it put forward the idea of using *State-owned enterprises law* to adjust functioning stated-owned enterprises in detail.

The sixth chapter is about the path of competitive state-owned enterprises entering the market. Looking back to the reforming process of stated-owned enterprises and summing up the lessons of the reform in past thirty years,the author believed that the reform of stated-owned enterprises should be on the primary consideration of the nature of those enterprises,different legal regulation should be applied to state-owned enterprises according to their nature and function. Making profit is legitimate for competitive state-owned enterprises, by modifying the diversified ownership of stated-owned enterprises,competitive state-owned enterprises can acquire equal market entities status in order to enter the market and compete fairly and orderly.

Key words: state-owned enterprises *Law of the People's Republic of China of Industrial Enterprises Owned by the Whole People* **abolish legislation**

目　　录

绪　　论

一、研究背景及意义

改革开放 30 多年来，中国国有企业改革走过了一条漫长曲折的道路，既有成功，也有失败，目前成功与失败的交错仍在继续。

国有企业的改革一直被定位为经济体制改革的中心环节，热门话题一个接一个。就企业本质来看，国有企业仅仅是一个资本的载体，它的本质是国有资本。如此来说，国企进、退的实质就是国有资本的流动和重新配置。就国有资本而言，应该承认与其他资本一样，其也有一个与其他资本之间的流动与交换问题。所以国企的改革，还其属性，就是国有资本的流动和重新配置，这就不可避免地会出现部分国有资本的社会化和国企的民营化过程。当然，这一过程应是公平有序的、有效率的、通过市场机制实现的。而不是简单的公有制或私有化的问题。

良性的法律制度与国有企业改革之间具有正相关关系。从逻辑上看，改革必须由法律进行规范，以制度的形式确定基本理念和原则，约束相关主体的行为，如此才能保障改革的顺利进行。我国国有企业改革肇始于 20 世纪 80 年代，但进展缓慢根本原因在于：一是基础性法律框架的缺失；二是现行国有企业立法的缺陷。因此仅仅对现行法律进行修改已无法满足国有企业改革的制度需求，而必须代之以国有企业的重新立法。

目前，我国调整国有企业的法律有两部不同的法律：《中华人民共和国公司法》（后简称《公司法》）和《中华人民共和国全民所有制工业企业法》（后简称《全民所有制工业企业法》）。讨论国有企业改革问题的学者很多，从立法上探究改革国有企业的也不少。然而，对国有企业的双轨立法这一现象深入剖析，同时对《全民所有制工业企业法》的实效进行全面评估的，学界还没有涉足。

这一热一冷形成鲜明的对比，真可谓一半海水一半火焰。

实际上要解决现在国有企业改革的症结，必须从立法上、制度上理顺国有企业的法律适用问题。但是，现有的双轨并存的法律制度必然导致同为国有企业适用不同的法律，并且依照《全民所有制工业企业法》设立的国有独资企业与按照《公司法》设立的国有独资公司，都是国家单独投资设立的自主经营、自负盈亏的法人企业，在法律规范上不应该存在根本上的区别，但是两者在产权体系、人格的独立性、治理结构、管理者选任、管理者的角色等方面有很大差别。

这些差别存在的原因有哪些，存在的合理性又有哪些？

显然，这些差别存在的制度原因在于两部法律都是有效法律，处于同一效力层级，具有同等的法律效力。然而，企业是市场的主体，市场经济的竞争主体应当具有平等的地位，更不用说同为一个股东的国有独资企业和国有独资公司，上述差别的存在有违市场经济的基本要求。

如何消除这些差别？思考这一问题不得不涉及《全民所有制工业企业法》的现实价值问题，这部制定于计划经济时期的法律，经过了20多年的经济发展和社会变迁以及制度的变革，受其调整的主体如今究竟有多少？也就是《全民所有制工业企业法》到底能起作用的范围有多大？最终的焦点问题——《全民所有制工业企业法》是否有必要保留？

二、国内外研究之现状

从笔者收集到的资料来看，国内学界就国有企业的改革已经展开了热烈的讨论，有些著述已经具有相当的深度和广度，取得杰出成就的代表性作者当属顾功耘教授，在《国有经济与经济法理论创新》一书中，顾功耘教授对我国的国有经济具有特殊的地位和作用进行了分析，提出对国有经济进行法律规制应是我国经济法的特殊任务，经济法理论应将其纳入研究范围。在《国有资产法论》一书中，顾功耘教授选取经营性国有资产为研究对象，以国有资产管理基础法律制度为基点，以经营增值和流通转让为核心，以法律责任追究机制为保障，对国有资产法律制度进行全方位研究。通过对现行国有资产法律的全面梳理，深刻分析了当前我国国有资产管理和运营中有关制度制定的历史背景、主要内容、效用以及存在的不足，并提出相应的立法完善建议，顾功耘教授的这些著作使后辈学人对依法改革国有企业的相关理论的理解又进了一步。世界银行编、李燕生等译的《官办企业问题研究：国有企业改革的经济学和政治学》报告，针对样本国家采用经济理论家和改革参与者推荐的五种改革方法的程度来衡量其国有企业改革。这些方法是产权处置、竞争、硬预算、金融部门改革以及改革政府和国有企业的体制关系，认为大多数改革成功的国家采用了五种方法中的多数。改革成功的国家更多地使用产权处置的方法，尤其是在国有企业初始规模较大的情况下；引入了更多的竞争，使贸易自由化，放松了准入的限制和对大企业的限制；硬化了国有企业的预算，取消或者限制对国有企业补贴；对金融部门和政府与国有企业的体制关系进行了深化改革。陈永正著《所有权构造论：传统国有制之解构与全民所有制之重构》，该作者从经济学和法学相结合的角度论述了所有权的两种含义，阐明了所有权主体的构造决定了权能的凝聚和发散以及现代"公有制"与历史上的共有的区别，提出国企改革的根本性问题在于所有权制度。

不过，就《全民所有制工业企业法》文本的研究而言，国内研究资料尚比较匮乏，运用国有企业改革和立法后评估的交叉视角的文献尚处于启蒙阶段。笔者检索到的最接近的文献莫过于李建伟教授等所著《中国企业立法体系改革：历史、反思与重构》、孙晋教授所著《中国企业法律制度的演进与变革》等。孙晋教授所著《中国企业法律制度的演进与变革》体系完备，涉及与企业有关的立法体系理论、从历史的角度评析我国企业立法的科学性、合理性、及缺陷，在此基础上进行反思与重构，具有一定参考价值，但因其视角与本书不同。李建伟教授等所著《中国企业立法体系改革：历史、反思与重构》可谓是本领域最新的研究成果，该书回顾了新中国成立60年以来的企业立法，作者以1993年《公司法》的颁布为分水岭，《公司法》颁布之前的企业立法以所有制为企业形态划分标准，形成以《全民所有制工业企业法》为代表的所有制立法体系，称为"旧的企业立法体系"。《公司法》的颁布突破了以所有制作划分企业类别的立法模式，标志着企业立法模式从传统的所有制标准向企业组织形态标准的转变。随着其后《中华人民共和国合伙企业法》（后简称《合伙企业法》）、《中华人民共和国个人独资企业法》的陆续颁布，企业组织立法体系得以构建，称为"新的企业立法体系"。企业立法体系也由传统的所有制立法转变为责任制立法，李建伟教授认为，"所有制企业立法"与"企业组织立法"并存的"双轨企业立法体系"存在着结构性缺陷。在市场经济体制下明显地欠缺科学性导致法律适用的模糊与迷惘。作者进一步指出我国企业立法的使命远远没有终结，现有的企业立法体系还未解决一些尖锐的问题。但《全民所有制工业企业法》在《中国企业立法体系改革：历史、反思与重构》一书中仅为一小部分，仅就本人研究范围而言，阐述论证深度上有待跟进。

近两年，学者已经开始关注国有企业立法问题，系列高质量论文陆续见之于各大报刊，如顾功耘教授的论文《国企类型化改革亟待法理应对》（2013年）、《论国资国企深化改革的政策目标与法治走向》（2014年）、《国企改革的政府定位及制度重构》（2014年），刘俊海教授的《深化国有企业公司制改革的法学思考》（2013年），张莉莉、王建文教授的论文《公用企业基本法立法的逻辑证成与基本结构》（2011年），李孟洲的论文《国有企业构建现代企业制度的企业立法》（2012年）等。这些文章无疑为本项目的研究奠定了相对具体的文献基础。尽管如此，上述论文的数量十分有限，重点集中在立法的探讨，且在很大程度上仍属于理论探讨，没有对《全民所有制工业企业法》的实效进行详尽的田野调查和评析，因而对本书的写作而言，作者只能得到有限参考。

国外有关我国国有企业制度的研究也不多。隋福民译英国学者彼得·罗澜的《中国的崛起和俄罗斯的衰落》涉及了我国国有企业的发展轨迹，而涉及《全民所有制工业企业法》的内容，尚付阙如，几乎没有可供参考借鉴的外文资料。

探索《全民所有制工业企业法》的现实价值不仅是在我国企业立法和国有企业深化改革中面临的重大理论问题，而且也是在实践操作层面上重大的现实问题。尽管对国有企业改革进行研究的文献和资料可谓汗牛充栋，但是，也不可否认在理论界和实际工作部门的观念之中，人们针对国有企业立法的改革存在着一种冷漠情绪，学者和立法者对《全民所有制工业企业法》的研究没有足够的重视。

三、研究思路、方法和创新

首先，国有企业改革涉及错综复杂的问题，出于聚焦研究范围的考虑，将国有企业改革涉及的法律问题限定在《全民所有制工业企业法》的存废问题。本书将《全民所有制工业企业法》放在国有企业改革的视角下，追索《全民所有制工业企业法》立法过程和立法之初的实施效果，确定其立法史上的地位，客观评价其优点和积极作用。包括取得的成效、存在的问题。对《全民所有制工业企业法》所进行的评价，目的在于更好地实施、修改、完善与国有企业的相关法律制度，并从中总结经验，为重新开展相关国有企业的立法提供借鉴和指导。本书不敢奢望解决所有有关国有企业改革的法律问题，在此先予以澄清。

其次，本书采用先总后分的结构，建构了一个相对自足的理论体系。本书第一章是对《全民所有制工业企业法》的立法基础进行追踪，文章对《全民所有制工业企业法》制定的背景从三个方面进行了考察，认为《全民所有制工业企业法》具有经济宪法的效力，在立法史上的地位具有独特的地位和里程碑意义。为后文对《全民所有制工业企业法》的客观评估打下基础。第二章关于《全民所有制工业企业法》优点分析，文章在前一章的系统考察的基础上，分析了《全民所有制工业企业法》在当时历史条件和立法技术背景下的诸多优点，肯定了其在我国计划经济时期的积极作用。第三章关于《全民所有制工业企业法》的历史局限性，文章剖析《全民所有制工业企业法》自身的历史局限性，认为《全民所有制工业企业法》的历史局限性突出的表现为立法指导思想的局限性和立法技术的落后性，并进行详细的分析和论证。第四章关于《全民所有制工业企业法》面临的现实挑战，文章进一步揭示《全民所有制工业企业法》面临的现实挑战，从体制环境的改变到法制环境的健全再到政府职能的转变，文章从这三方面立体地展示《全民所有制工业企业法》立法的经济基础和制度基础已经改变，其适用不可避免面临困惑和困境。第五章《全民所有制工业企业法》的评估结论与建议是在前几章分析的基础上，推导出《全民所有制工业企业法》是一部有效无用的法律，并分析废止《全民所有制工业企业法》的急迫性和可能面对的障碍，提出全面废止《全民所有制工业企业法》的建议。针对国有企业的法律适用问题，第五章和第六章分别进行了分析和论证，文章深入研究国有企业类型化的合理性并对国有企业分类监管的可行性进行论证。最后提出构建"国有企业法"以调整公用型国有企业的具体构想。第六章《竞争型国有企业进入市场的路径》，文章回顾国有企业的改革历程，总结国有企业改革的30年教训，认为竞争型国有企业具有营利的正当性，通过国有企业的混合所有制改造，可以取得与其他企业同等的市场主体地位，以进入市场，展开公平有序的竞争。

再次，本书以问题为导向，采取问题对策型的研究思路，力图从制度上解决国有企业改革的法律问题。本着理论来自实践的基本认识，笔者借助调研数据，从实践中找寻《全民所有制工业企业法》运行中所暴露出来的国有企业制度问题和《全民所有制工业企业法》的立法缺陷。书中所探讨问题的针对性——《全民所有制工业企业法》的制度价值与文章框架的体系性形成了完美的对应，既成就了关于国有企业改革理论体系上的完整性，又突出了国有企业是否应当退出竞争领域这一争议较大或亟待解决的问题，这也是本书的突出特点之一。作者在第一章对《全民所有制工业企业法》的立法基础进行追踪，并没有进行面面俱到的研究，而是试图从经济体制改革的实践、经济理论的研究和前期立法经验的积累三个方面进行探索；介绍了当时的立法背景，引发了经济基础决定上层建筑的思考，进而得出《全民所有制工业企业法》是部经济宪法的结论；第二章和第三章在历史考察的基础上，客观地评价了《全民所有制工业企业法》的优点、积极作用和历史局限性。第四章调取了访谈资料，分析《全民所有制工业企业法》面临的现实挑战，认为国家经济体制由计划经济转向市场经济，国家治国方略由人治向法治转变，加之宪法的修改凸显了《全民所有制工业企业法》的滞后性，政府职能的转变实现了《全民所有制工业企业法》的使命，《公司法》、《中华人民共和国破产法》（后简称《破产法》）、《中华人民共和国企业国有资产法》（后简称《企业国有资产法》）的完善取代了《全民所有制工业企业法》的功能。第五章《全民所有制工业企业法》的评估结论与建议是在前几章分析的基础上结合调研材料和国家铁路总公司成立这一鲜活的素材，推导出《全民所有制工业企业法》是一部有效无用的法律，并分析废止《全民所有制工业企业法》的急迫性和根本障碍，提出全面废止《全民所有制工业企业法》的合理化建议。针对国有企业的法律适用问题，文章进一步研究国有企业类型化的合理性并对国有企业分类监管的可行性进行论证。

最后，本书采用多种研究方法交错的方式，试图建构一个立体的理论体系。考虑到理论不仅要来自实践，而且要高于实践，故本书在写作中也力求多视角、多侧面、全方位地审视《全民所有制工业企业法》在实践中已经遭遇的种种问题并挖掘问题的根源，从而为正确评价《全民所有制工业企业法》奠定基础，进而为国有企业的法律适用提供一条切实可行的出路。有鉴于此，本书在方法论上采用了综合分析的方法，不仅同时采用了理论分析和实证分析，而且综合考虑了历史分析和现状分析，在思考借鉴的时候，力求借鉴人类文明创造的有益成果，满足为我所用的目的，不在国际比较中丢失自己、否定自己。做到比较分析和国情分析并重，而在法律文本分析时又使法律规范分析和实证分析相互照应。希望通过上述不同观察角度的分析，对我国《全民所有制工业企业法》进行较为全面、细致的观察和评判，从而对国有企业相关制度的完善得出比较全面、可靠和客观的综合判断。

对于《全民所有制工业企业法》进行全面的文本分析和立法评估，根据笔者目前掌握的资料，学术界还没有系统的专门著述。本书中对现有的相关研究成果进行归纳总结，力求在理论层面上对这个问题给予系统阐述，文章的选题填补了关于该法研究的不足，在体系和观点上具有一定的创新性。

第一章 《全民所有制工业企业法》的立法基础

在我国实行计划经济时，全民所有制企业是以国家所有制具体形式体现的。国家所有制具体实现形式，是通过全社会范围的经济联合使劳动者取得生产资料共有者的地位。因而，这时我国国有企业作为由国家投资组建的从事产品（商品）生产经营活动的经济组织，实质是以劳动为谋生手段的劳动者与全民所有制生产资料实际结合的经济联合体。在全民所有制条件下，我国全体人民中的劳动者一方面是具有平等地位的生产资料的共有者；另一方面是由社会分工所决定的不同生产职能的专门化承担者。全民所有制企业就是这种全民所有制经济中媒介劳动者与全民所有制生产资料实际结合的经济关系环节。广大劳动者的双重身份就是通过这个经济组织结合起来而具体实现的。所以，我国国有企业本质上是全民所有制的具体实现形式。它是通过劳动者与全民所有制生产资料的结合，具体实现全民所有制生产关系的。

第一节 《全民所有制工业企业法》制定的背景

对一部法典的全面评论，其所涉及者必较法典本身更为广大[①]。所以，全面评估《全民所有制工业企业法》必然涉及该法诞生的经济体制、经济理论、法制水平等背景。

一、经济体制改革的蹒跚起步

（一）计划经济时期的国有经济

新中国建立后的相当长时间里，人们对社会主义的理解具有相当大的局限性，

[①] 弗里德里希·卡尔·冯·萨维尼：《论立法与法学的当代使命》，中国法制出版社2001年版，第42页。

公有制，特别是国有制，被认为是与社会主义画等号的所有制。而私营企业，甚至股份制企业，被认为与社会主义不相容。到 20 世纪 70 年代，我国建成了大量的国有企业，国有企业遍布国防工业、民用产品制造业、商业服务业等各行各业，国有经济在国民经济中占有绝对主体的地位，而私营企业等境内非公有制经济在 GDP 中的比重几乎为零，长期的闭关锁国政策也使外资经济基本上处于空白状态。有关年份的中国统计年鉴显示，1979 年，国有工业企业在全国工业总产值中所占比重达到78.5％，其余的 21.5％则全部来自集体工业企业。可以想见当时国有经济地位的重要性，也足以解释国有企业改革在长达 30 多年的时间里对于中国政府致力于经济发展和改善人民生活所承担的举足轻重的角色。

1978 年实行改革之前，我国国有企业存在严重弊端。当时的国有企业与计划经济是紧密联系在一起的，基本不存在市场机制，市场信号让位于政府的计划指标，国有企业基本按照政府计划所规定的品种和产量以及销售对象、销售价格组织生产，管理人员和职工按照政府规定的标准获得工资，企业核算所得利润上缴政府，如果发生亏损则由政府实行补贴或通过挂账形式等待政府日后处理。职工由企业按照政府的劳动用工指标招收并终身就业，而且能按照政府规定的标准获得由企业分配的住房和由企业负责养老。国有企业管理人员有行政级别，属于国家的干部系列，要根据国家有关部门的干部指标设置岗位，并根据级别高低由党组织或政府任命或批准任命。

当时的每一个国有企业基本按照行业划分，由不同的政府主管部门负责日常管理，如运输企业由交通行业行政主管部门进行日常管理。所以，行政主管部门也被称为专业部门或者行业部门。主管部门对国有企业的日常管理工作包括向企业下达生产计划并督促企业完成生产计划，协调其他政府部门保证企业的原材料和能源供应，审批企业的投资计划，核定企业的劳动工资指标，对管理人员进行考核和任免，等等。当然，上述工作有些内容也可能由其他政府部门或者党的机构来承担。国有企业根据兴办主体不同或者重要性不同，分别由中央政府、省政府、市政府、县政府相应的行政主管部门进行管理。例如，一个大型钢铁企业，或者由中央政府兴办的钢铁企业，其行政主管部门可能是国家冶金部；而一个小型钢铁企业，或地方政府兴办的钢铁企业，其行政全管部门可能是地、市、县冶金局。前者就是中央国有企业，后者就是地方国有企业。

（二）计划体制的松动

中国的改革开放和中国新民主主义革命一样，走了一条农村包围城市的道路。

尽管新中国的工业建设取得了举世瞩目的成就，但是从人口结构上来看，中国还是一个农业大国。改革初期建立的人民公社制度对农村生产力的束缚，已经成为中国经济进一步发展的藩篱，"文化大革命"结束时，中国经济到了崩溃的边缘，国人生活条件十分恶劣。20世纪70年代末期，一场由农民自发的家庭联产承包责任制改革，经过了热烈的争论，得以在全国推行。这是中国改革开放的突破口，促进了20世纪80年代初农村经济的迅速发展，家庭联产承包责任制对农村经济的促进作用是显著的，它极大地促进了当时农村经济的发展和有助于农民生活水平的提高，是在当时历史条件下的一个具有跨时代意义的重大突破，并为城市改革提供了宝贵的经验。

1978—1983年，在农村家庭联产承包责任制改革如火如荼开展的同时，企业改革，特别是国有工业企业的改革开始了初步探索。改革开放前，计划体制下的政府统管严重制约了企业的活力，改革开放初期，计划体制的坚冰在渐渐消融，开始向国有工业企业"放权让利"，使得国有工业企业得到了初步的自主权利，并取得了一定的成效。尽管这一时期企业改革的措施还很不到位。但已经是一个良好的开端，并且为下一阶段的进一步改革提供了基础。[①]

始于70年代末的中国经济体制改革在农村地区和农业领域势如破竹，一路顺风顺水，但在城市地区和工商领域，尽管放权让利效果显著，但也出现了一些政策反复，特别是国家和国有企业之间的经济利益分配关系不易理清，促使国家花更大的精力来推动国有企业改革，从而使国有企业改革在1984年之后一直被定位为中国经济体制改革的中心环节。

1984年10月，党的十二届三中全会通过了《中共中央关于经济体制改革的决定》，使得我国的经济体制改革的重点从农村转向城市。决定认为，增强企业的活力，特别是增强全民所有制大中型企业的活力，是以城市为重点的整个经济体制改革的中心环节。增强国有企业活力，也被称为"搞活"国有企业。从此，我国国有企业改革进入一个新阶段。

（三）市场作用的加强

1988年是贯彻落实党的"十三大"精神和执行"七五"计划的重要一年。

1987年的实践证明，实行企业承包经营，能够进一步提高企业经营者与广大职工的积极性，提高企业的管理水平，推进生产要素的优化组合，发挥出巨大的经济

---

① 李晓西主编：《中国改革开放30年——市场化进程卷》，重庆大学出版社2008年版，第34—47页。

效益。[①] 深化和加快改革,既是 1988 年经济工作的重大任务,也是完成 1988 年国民经济和社会发展计划的根本保证。1988 年国务院的计划和安排统筹兼顾了发展与改革的要求,确定了经济体制改革的主要任务是:按照发展社会主义商品经济的总目标,以落实和完善企业承包经营责任制,深化企业经营机制改革为重点;同时,改革计划、投资、物资、外贸、金融、财税体制和住房制度,加强对固定资产投资、消费基金和物价的管理,更好地促进国民经济持续稳定发展。继续大力推行企业承包经营责任制,使之配套、完善、深化和发展。1988 年要进一步深化和完善企业承包经营责任制。为此,要增加长期承包企业的数量,并要把竞争机制引入承包作为一个重点,抓紧落实;全面推行厂长负责制,健全企业内部经济核算制度、推进企业内部分配制度和人事制度的改革;鼓励探索租赁、参股、合资、联营、产权有偿转让等多种经营形式和其他有生命力的联合形式;把承包、发包双方的权利和责任纳入法制规范。与此同时,积极配套地推进企业外部各方面体制的改革,逐步使绝大多数企业在市场竞争中走上自主经营、自负盈亏的道路。以承包经营责任制为主要内容的企业经营机制改革搞好了,经济就会更加生机勃勃,蕴藏在各方面的潜力就会被日益充分地发掘出来。

在政府与市场方面,在 80 年代逐步走向市场定价。[②]

正是在这一背景下,第七届全国人民代表大会第一次会议通过的《中华人民共和国全民所有制工业企业法》(以下简称《全民所有制工业企业法》)于 1988 年 4 月 13 日公布,8 月 1 日付诸实施。

二、经济理论研究的初始探索

(一)经济学界关于价格理论的探索

粉碎"四人帮"之时,国民经济已经到了崩溃的边缘,残酷的现实促使理论界和务实的领导者对传统的计划经济体制进行重新的审视和反思。价值规律作为一个被压抑已久的论题被首先提出。1978 年 10 月 6 日《人民日报》发表了胡乔木的文章:《按客观经济规律办事,加快实现四个现代化》。以此为开端,中国形成了一个研究社

---

① 姚依林:"关于 1988 年国民经济和社会发展计划草案的报告",www.npc.gov.cn,2011 年 11 月 1 日访问。

② 黄庆杰:"20 世纪 90 年代以来政府职能转变述评",载《北京行政学院学报》2003 年第 1 期。

会主义经济规律的小高潮，其中的要害则是价值规律在社会主义经济中的作用问题。①

改革开放以前，我国关于经济发展的理论主要是承袭前苏联的社会主义经济建设理论。一般把这种理论理解为早期的中国经济发展理论，其主要内容包括：以赶超战略实现国家工业化的理论；农、轻、重三部门划分的理论；优先发展重工业的理论；农业为基础、工业为主导的理论等等。这种情况一直延续到改革开放初期。正如董辅礽所指出"在改革开放前，我们对国外的经济发展理论的状况是不了解的。这当然不是说，在此之前，我们没有过自己的经济发展理论，关于国家的社会主义工业化理论，实际上也是一种经济发展理论，那是以苏联的社会主义工业化的理论和实践为圭臬的一种经济发展理论。虽然以后我们对苏联的这种经济发展理论和实践已有一些不同看法，但仍未从根本上跳出其窠臼。对西方的发展经济学、对其他国家和地区的经济发展的经验一律排斥，而且也不了解"。改革开放以来，这种理论上的封锁和故步自封的状况才有所松动，党的十一届三中全会召开后，在思想解放的大背景下，中国经济发展理论研究发生了重大变化。首先，许多学者开始系统引进、介绍西方发展经济学理论，这对普及与传播西方发展经济学理论起到很大的积极作用。资料显示，改革开放之后，中国人才开始了解有一个经济学分支叫发展经济学这一事实，而且其内容、体系以及研究方法与中国现实又是如此接近，"以至于许多学者认为只有'经济发展理论'谈的才是中国的问题"②。

不用质疑，改革开放以后，中国的经济学迎来了发展的春天。一部分经济学家秉承马克思主义经典理论，有相当长一段时间仍然以论证和诠释现行的路线、方针、政策为职志，特别是努力从马克思主义经典著作中为改革开放寻求理论支持。公允地说，这些研究虽然带有强烈的时代色彩，但是针对性很强，在一定时期确实起到了从理论上证明改革开放合法性的作用。③

（二）经济学界关于国有企业改革的呼与鼓

1979 年，中国经济学界开始对国有企业和计划经济的弊端进行集中和深刻反思，老一辈经济学家的代表人物之一——董辅礽在 1979 年就提出：国有企业的一个要害问题就是国家政权的行政组织取代了经济组织，企业成为国家各级行政机构的附属

---

① 南开大学经济研究所主编：《改革开放以来经济理论在中国的发展和难题》，经济科学出版社2004版，第 168 页。

② 南开大学经济研究所主编：《改革开放以来经济理论在中国的发展和难题》，经济科学出版社2004版，第 21—22 页。

③ 林毅夫："经济学研究方法与中国经济学科发展"，载《经济研究》2001 年第 4 期。

物，企业的资金统收统支，产品统购包销，企业既缺乏最起码的生产经营决策权，也不能实行独立的经济核算。无论盈利还是亏损与企业和企业职工都没有直接利害关系。而且，企业成为行政机构的附属物，还容易导致官僚主义、命令主义。因此，国有企业改革最紧迫的就是要落实企业经营自主权，使国有企业摆脱对行政机构的依附。另一位有代表性的经济学家何建章在 1979 年发表了长篇理论文章专门论述了我国全民所有制企业与计划经济的弊端问题，并阐述了改革的方向。他认为，中国的全民所有制和计划经济基本是效仿苏联模式，这种模式导致国家对国有企业管得过多、过细、过死，极大地抑制了企业能动性的发挥和生产力的发展。必须要对这种体制进行根本性改革，改革的方向应该是承认国有企业的商品生产者地位，并把国家的指令性计划改为指导性计划，相应地扩大国有企业的生产经营权限。这篇文章在当时产生了很大反响，对于人们认识国有企业的弊端和这些弊端产生的根源，起到了很大的作用，也为当时正在全国蓬勃兴起的放权让利式改革提供了理论依据。[1]

1979 年，著名经济学家蒋一苇发表了《企业本位论》，指出企业是国民经济体系中具有生命力的细胞，而不是行政机关的附属物和"算盘珠"，应当实行企业独立经营、独立核算的"企业本位"式管理体制。

这些见解在当时虽然引起争议，但仍然得到了广泛的社会认同，发挥了理论对推进企业改革的支持作用。[2]

1978 年的扩大企业经营管理自主权的试点，是我国国有企业改革的第一步，将我国国有企业改革带向了放权让利时代。

放权让利对于打破计划经济体制对国有企业的束缚、激励国有企业扩大生产和走向市场，起到了十分积极的作用。在无法触及所有制本身的情况下，扩大企业自主权也被我国经济理论界上升到空前的高度，理论界比较普遍地认为企业自主权不够是我国国有企业的根本弊端，扩大企业自主权才是我国国有企业改革的根本途径。这种理论思潮的集大成者是老一辈著名经济学家蒋一苇，他在 1980 年提出了"企业本位论"，随即产生了极大影响。[3]

落实企业自主权和"企业本位论"等学术思想，对于 80 年代国有企业改革的思路产生了重大影响，中央和地方政府不断出台扩大企业自主权的改革政策，有力地促进了企业面向市场，使得国有企业初步成为按照市场规则经营、接受市场竞争结

① 张文魁：《中国国经济改革 30 年》，重庆大学出版社 2008 年版，第 5—6 页。
② 吕政、黄速建：《中国国有企业改革 30 年研究》，中国经济出版社 2008 版，第 1 页。
③ 蒋一苇："企业本位论"，载《中国社会科学》1980 年第 1 期。

果的市场主体。但是，这些学术思想的局限性也是十分明显的，其主要局限一是没有建立出资人的概念，二是没有建立公司治理的概念。在当时的情况下，中国经济学界对"国家"的理解仅仅限于行政组织（即公共管理者），而没有意识到当存在国有企业时，国家还有另一种身份——出资人。中国经济学界当时更没有意识到出资人的职能与公共管理者的职能可以相对分开由不同的机构来行使。由于没有建立出资人概念，所以中国经济学界一直强调国有企业改革要实现政府职能与企业职能的分开，即"政企分开"，以及所有权和经营权的分离，即"两权分离"。但当大力推行"政企分开"和"两权分离"时，又发现国有企业陷入了严重的内部人控制当中，甚至导致严重的内部人腐败。蒋一苇在论述国家与企业的关系时，认为国家对企业的领导和管理主要限于制定经济政策、实行经济立法、制定经济计划、运用价格和税收等经济经济杠杆调节和控制企业的经济活动等方面。显然，这都不是出资人所行使的权利，出资人如何选择和更换经营者及确定他们的薪酬，出资人在企业资本结构调整和财务决算等方面如何行使权力等等，都没有涉及。

1986年12月，由中国社会科学院工业经济研究所、南京大学经济系、江苏省社会科学院经济研究所、中国工业经济管理研究会四个单位联合举办的"经济体制改革的理论与实践研讨会"在南京召开。会议主要就国有企业等问题进行了探讨。

与会学者一致认为，增强企业活力的关键在于明确企业财产关系，让企业自己选择发展目标，并通过积累和其他渠道拥有自己的财产，这就要求对国家所有制进行根本改革，使国有企业成为真正独立的经营主体。对改革国有企业财产关系提出了几种不同的对策思路，对股份制经济、企业所有制、资产经营责任制等设想进行了比较，大家认为，股份经济可以通过工人同企业的财产关系来调动职工的积极性，通过国家控股，使国家和企业之间的利益关系由企业外部的对立转化为企业内部的统一，形成一个各方面都关心利益增长的机制，是一种利多弊少、比较可行的设想，不过囿于经验，与会学者认为当时试行的股份制尚处于起步阶段，还不能作为企业形式或模式来认识。实行股份制也并非改革的唯一形式。在解决国家与企业的关系时，大家还指出，可以建立中央和地方国有资产管理部门和投资公司，由投资公司派员进入股份企业的董事会，作为企业持股者参与企业管理，与其他持股者产生共同利益关系和制约关系。①

这次会议的简介发表在《人民日报》上，可见会议达成的理论共识对决策层的

---

① 参见汪珊："经济体制改革的理论与实践研讨会"简介，载《人民日报》1986年12月8日第5版。

参考价值。

（三）"两权分离"思维直接催生立法

十二届三中全会最引人注目的地方，就是提出了"两权分离"理论，即应该将国有企业的经营权与所有权分离。显然，国家希望在不触动国家所有制的前提下，使国有企业在经营体制方面有更大的灵活性。会议意味深长地强调了马克思主义和社会主义，指出所有权与经营权的适当分开是符合马克思主义理论和社会主义方向的，国家正是根据马克思主义理论与社会主义实践才提出了"两权分离"的思路。从这一点可以看出，国有企业改革具有意识形态特点，使改革思路符合马克思主义思想而不是非马克思主义思想，使改革举措保持社会主义方向而不是资本主义方向，或者通过理论创新阐释改革思路与马克思主义思想和社会主义方向保持一致性，是改革在官方层面得以推行的先决条件。[①]

由于所有权同经营权可以适当分开，因此国有企业只要不变更国家所有制，就有权选择灵活多样的经营方式，有权安排自己的产供销活动，有权拥有和支配自留资金，有权依照规定自行任免、聘用和选举本企业的工作人员，有权自行决定用工办法和工资奖励方式，有权在国家允许的范围内确定本企业产品的价格，等等。也就是说，国家只要求保持所有权，不再要求把持企业的经营决策权，不再干预企业的经营活动，同时也不再无条件承担国有企业的经营结果，以使企业成为自主经营、自负盈亏、具有一定权利和义务的法人。"两权分离"的思维不仅对对后来的国有企业改革产生了极大影响，而且直接催生了《全民所有制工业企业法》，并且直接成为《全民所有制工业企业法》的立法指导思想。

三、前期立法经验的初步积累

（一）1979 年前的立法初探

建国后至改革开放（1978 年）前，特别是在建国初期，为了顺利地进行生产资料私有制的社会主义改造，适应社会主义经济建设的需要，我国开展了一些企业立法工作，制定的主要企业法规有：《私营企业暂行条例》（1950 年）、《公私合营工业企业暂行条例》（1954）年、《工商企业登记管理试行办法》（1962 年），等等。这一时期的企业立法，促进了企业的发展。但由于当时企业发展尚未走上正轨，企业立法工作刚开始，一些法规还不够完善，有关的法规还没有出台，所以，当时

---

① 张文魁、袁东明：《中国经济改革 30 年》（国有企业卷），重庆大学出版社 2008 年版，第 29 页。

的企业立法处于初步探索的状态，不幸的是，"文化大革命"使得这些已经颁布的企业法规被迫停止实施，立法上的工作也处于停滞状态。

（二）改革开放以后的企业立法

1978年底十一届三中全会之后，我国实行"对外开放、对内搞活"的经济政策，为了使企业这一国民经济的细胞充满活力，促进整个国民经济的发展，进行了一系列的企业立法。在《中华人民共和国宪法》（后简称《宪法》，1982年）、《中华人民共和国民法通则》（后简称《民法通则》，1986年）、《中华人民共和国企业法人登记管理条例》（后简称《企业法人登记管理条例》，1988年）、《关于推动经济联合的暂行规定》（1980年）、《关于进一步推动横向经济联合若干问题的规定》（1986年）这些法律文件中都包含有关于企业基本问题方面的一些规定。如《宪法》中对国有企业、集体企业、私营企业、中外合资及合作企业和在中国境内设立的外国企业，以及企业的经营管理等方面的问题都有原则性的规定。《民法通则》中的一些基本原则及法人、所有权、债权等制度都适用于企业。在当时单行的企业法尚未出台的情况下，这些法规起到了很大的作用，以后颁布的企业法也不同程度地体现和贯彻了其中的精神。

除了上述涉及企业基本问题的立法外，当时我国还有以几种所有制划分的企业立法，我国经济是在生产资料公有制基础上的社会主义市场经济，国内企业有多种所有制形式，而且经营方式也不一样。因此在不同所有制企业方面就有不同的企业法。在全民所有制企业方面：《国营工业企业暂行条例》（1983年4月颁布）、《全民所有制企业破产法（试行）》（1986年颁布）于1988年11月1日起实施，国务院还于1988年分别颁布了《全民所有制工业企业承包经营责任制暂行条例》（1990年做了修改）、《全民所有制小型工业企业租赁经营暂行条例》（1990年修改）、《禁止向企业摊派暂行条例》等一系列法律、法规。在集体所有制企业方面：为了发挥城乡集体企业的作用，确立其法律地位，国务院根据当时的需要，制定了《乡村集体所有制企业条例》（1980年颁布）。在私营企业方面1988年制定了《私营企业暂行条例》。

尤其值得注意的是1983年4月国务院颁发的《国营工业企业暂行条例》，该文件是改革开放以来，国家对国营工业企业一系列重要问题做出规定的第一个规范性文件。[①]

---

① 李晓西主编：《中国经济改革30年——市场化进程卷》，重庆大学出版社2008年版，第58页。

《国营工业企业暂行条例》首次对企业的法人地位做出了规定：企业是法人，厂长是法定代表人；企业对国家规定由它经营管理的国家财产依法行使占有、使用和处分的权利，自主地进行生产经营活动，承担国家规定的责任。

《国营工业企业暂行条例》规定了企业所应拥有的 15 项经营自主权：有权根据国家有关政策和市场需要，编制自己的生产经营补充计划；有权拒绝计划外或缺乏必需的物质条件保证和产品销售安排的生产任务；有权自行选购计划以外的物资；完成国家订货任务后，有权在国家规定范围内自销产品；有权在国家规定的范围内，制订和认定产品的价格；有权向中央和地方业务主管部门申请出口自己的产品；有权按国家规定将自己的发明创造、科研和技术革新成果进行有偿转让；对已经注册产品的商标，享有专用权；有权按照国家规定提取和使用企业基金或利润留成基金；有权按照国家规定出租、转让闲置、多余的固定资产；有权根据国家有关政策确定工资形式或分配奖金、安排福利等事项；有权在国家计划内择优录取新职工，有权按国家规定对职工实行奖惩；有权按实际需要决定自己的机构设置；有权任免行政中层干部；有权拒绝国务院或省市人民政府明文规定以外的摊派费用和无偿劳动。

以上立法为"企业法"的制定创造了良好的立法环境、积累了丰富的立法经验。而《国营工业企业暂行条例》的多数规定或直接为《全民所有制工业企业法》所吸收，或经过稍微的调整而成为《全民所有制工业企业法》的内容。①

第二节 《全民所有制工业企业法》在立法史上的地位

《全民所有制工业企业法》的问世，是我国经济体制改革之花结出的丰硕成果之一。《全民所有制企业法》的颁布和实施，在国内外产生了巨大的反响，意义十分重大，它标志着我国全民所有制企业由生产型向生产经营型的彻底过渡，标志着我国依法管理企业的一个良好的开端，标志着国家对经济的管理向高水平发展。《全民所有制企业法》为社会主义有计划商品经济的顺利运行和发展奠定了坚实的法制基础。

一、经济宪法的效力

从《全民所有制工业企业法》的法律效力来讲，它是一个极为重要的基本法律

---

① 李正华："中日企业立法比较研究"，载《比较法研究》1993 年第 3 期。

之一，在我国调整经济关系的法律体系中，占有首要的位置。这不仅仅是因为它的原则、内容是直接涉及全民所有制企业的法律地位，全民所有制企业的权利和义务，国家同全民所有制企业间的责权利关系，以及全民所有制企业内部领导体制等根本性的问题，而且，从立法程序来看，《全民所有制工业企业法》从酝酿到产生始终坚持了民主程序，草案先后经全国人大常委会 5 次讨论，并公开登报征求全民意见，除了《宪法》和《中华人民共和国香港特别行政区基本法》（后简称《香港基本法》）之外，这在我国立法史上也是罕见的。可以说，它是凝聚了全国人民的心血，系统地总结了建国以来企业管理工作正反两个方面经验教训的产物，一度被誉为"经济宪法"。

《全民所有制工业企业法》对当时其他所有现行的关于全民所有制工业企业的法律、法规起着核心和统帅的作用，具有更高的法律效力，也是制定其他有关全民所有制企业法律、法规的依据。[①]《全民所有制工业企业法》第一次把放权改革后企业的各种权利义务用法律形式固定下来，这同时标志着国有企业改革由最初的试点，开始向法制化的轨道推进。[②] 从立法上为下一步改革奠定了较为坚实的基础。

二、《全民所有制工业企业法》的历史地位

回顾经济改革的历史和我国立法史，《全民所有制工业企业法》是我国城市经济体制改革的一个里程碑。早在我国经济体制改革刚刚兴起的时候，小平同志就曾明确地指出："应该集中力量制定刑法、民法、诉讼法和其他各种必要的法律，例如工厂法……经过一定的民主程序讨论通过，并且加强检察机关和司法机关，做到有法可依、有法必依、执法必严、违法必究。"当时的改革历经十年，这十年，我国走过了一条极不平坦的路，以企业改革为中心的城市经济体制改革相对于农村改革来讲更是崎岖不凡。《全民所有制工业企业法》从最初的"工厂法"草案，到全国人大七届一次会议通过亦历时十年之久，召开了几百次座谈会，倾听企业厂长、党委领导成员、职工代表和工会领导成员、各级政府领导人以及社会各界人士的意见，反复琢磨推敲并拟过几十个草案，吸收了我国体制改革过程中的每一个阶段性成果，坚持了我国社会主义方向和原则，也符合我国的实际情况。在企业法律地位上，《全民所有制工业企业法》把党的十二届三中全会通过的《关于经济体制改革的决定》

---

① 万其刚、苏东、黄成："当代中国的企业立法"，载《当代中国史研究》1999 年第 3 期。
② 赵旭东：《企业与公司法纵论》，法律出版社 2003 年版，第 392 页。

中提出的以"两权分离"原则建立企业法人制度的意见上升为国家意志，规定了企业依法自主经营、自负盈亏、独立核算的社会主义商品生产者和经营者的法律地位，规定了企业的各项经营权利，同时也规定了企业对国家和社会承担的各项义务。在企业内部领导体制上，《全民所有制工业企业法》确定了厂长负责制这一领导体制，这是对我国建国前后企业管理制度的正反经验的总结，这个制度包括企业职工代表大会的民主管理制度和企业党组织的地位和在企业应发挥的作用。

《全民所有制工业企业法》在其他方面的规定同样体现了改革的精神，以及社会主义原则和与中国实际相结合的精神。可以说，没有前面的十年改革，就不会有《全民所有制工业企业法》，而《全民所有制工业企业法》的颁布和实施，不仅巩固了改革的成果，而且对于深化国有企业改革起到了引导推动的积极作用。

实践证明，《全民所有制工业企业法》的实施效果是明显的。对于确立企业法人地位，巩固和发展全民所有制经济，促进政企分开、党政分开、责权利相一致和两个文明建设，对于逐步改善企业素质，提高企业经济效益，对于调动企业和职工的积极性、发展生产、积累资金，满足人民生活需要，保障社会稳定，保障社会主义经济秩序的稳定，都起到了积极作用。《全民所有制工业企业法》实施效果显著，可以肯定地说，在当时，《全民所有制工业企业法》是一部非常好的法律。

当然，由于社会生活的复杂性、多样性，由于我国当时尚处在新旧体制交替的变革年代，改革在不断深化，治理整顿成果也在不断发展，作为一部与治理整顿密切相关的法律，也会随着时间、条件和外部环境的变化而遭遇到一些适应性方面的问题。这是《全民所有制工业企业法》实施过程中某些未尽如人意的主要原因。[①]

第三节　《全民所有制工业企业法》调研背景

一、国有企业的整体现状

随着信贷资源倾斜、央企地王频现、山西煤改、央企夺食创业板等系列事件的见诸报端，备受社会各界关注的国有企业成为经济生活的焦点。这一现象折射出转轨进程中中国经济结构与方向的某种纠结。[②]

---

① 顾明："在《企业法实施》两周年座谈会上的讲话"，载《管理现代化》1990 年第 4 期。
② 许平："'国进民退'的事实争议与价值反思"，载《山东社会科学》2011 年第 2 期。

改革开放以来，尽管通过产权改革和产业的战略性重组，国有经济的整体规模和产业分布状况发生了重大变化，但是，国有经济仍然在国民经济中占有举足轻重的地位。经过 30 多年的改革，国有企业逐步融入了市场经济之中，成为参与市场竞争的重要成员和领导力量。

经历了不断探索、不断深化改革的历程，中国国有企业走出了一条有中国特色的成功之路。

通过引进战略投资者、推行规范改制和境内外资本市场上市，大多数国有企业实现了产权多元化，公司制股份制改革取得重大进展。

适应市场竞争要求，国有企业不断深化内部改革，普遍实行全员劳动合同制、全员竞争上岗和以岗位工资为主的工资制度，初步建立了干部能上能下、职工能进能出、工资能升能降的新机制，国有企业经营机制发生深刻变化。

通过国有经济布局结构调整，国有企业"小散乱"的格局根本改观，国有资产逐步向关系国家安全和国民经济命脉的重要行业和关键领域集中。国有经济布局结构战略性调整深入推进。[①]

经过多年产业结构调整和布局优化，国有经济布局和结构调整取得成果。2011 年，规模以上工业国有控股企业实现产值 22.1 万亿元，占规上工业的 26.2%，其中，在煤、电、油、气、水的生产和交通运输设备制造等关系国计民生的重要领域，所占比重达到 40%—95%；在冶金、有色等原材料领域，比重达到 25%—40%；但在多数竞争性行业比重在 10% 以下。[②]

虽然国有企业已经扭转了经营困难局面，但也出现了一些不适于国民经济发展的问题，需要进一步的改革。[③] 具体表现在如下几个方面。

（一）政企难分，企业行为不规范

为了"政企分开"，近十多年来，我国从中央政府到地方政府做了不少工作，但困难重重，迄今仍"藕似断，丝更缠绵"，不仅各级政府直接插手国企的经营活动，而且国家的自然资源（包括土地资源）完全掌握在各级政府手中。前几年上海社保弊案和房地产市场乱象，都暴露出"政企不分"导致官商勾结、贪污腐败的恶果。

---

① 国务院国有资产监督管理委员会党委："坚定不移地推进国有企业改革发展"，载《求是》2012 年第 10 期。

② 国家统计局工业司："从十六大到十八大经济社会发展成就系列报告之八"，http://www.gov.cn/gzdt/2012-09/04/content_2216428.htm，2013 年 7 月 15 日访问。

③ 武力、肖翔："中国共产党关于国有企业的发展与改革探索"，载《湖南社会科学》2011 年第 2 期。

近年来，房价飙升，中央多次出手无效，原因之一是地方政府依靠土地转让收入，这既需财政体制进一步改革，更需贯彻"政企分开"。[①]有学者鉴于许多地方政府通过"国有企业"在竞争性、经营性行业和领域兴风作浪，滋生腐败，大声疾呼"国有企业应当退出竞争性市场"，虽情出义愤，但入情入理。

在过去的国有企业经营管理体制的变革中，无论是承包制还是租赁、股份制，我国国有企业都不是真正意义上的独立的经济组织，而是由政府任命企业法定代表人的政府附属机构。[②]甚至成为政府中某个主要领导人的"钱包"。因此，目前无论采取哪种经营形式，其企业行为仍然是政府行为，甚至是政府中某个主要领导者意志的外化。

（二）国有资产流失

据统计，某些年每年流失、损失的国有资产高达 800 亿—1 000 亿之巨。审计署审计长刘家义在第十一届全国人民代表大会常务委员会第九次会议上做的《国务院关于 2008 年度中央预算执行和其他财政收支的审计工作报告》显示，包括中国航天科工集团公司等在内的 13 户中央企业由于决策失误、管理不善和违规操作等共造成国有资产流失 63.72 亿元。[③]

实务中，国有企业的合并、分立、改制、增减资本、发行债券、重大投资、为他人提供担保、国有资产转让以及大额捐赠、利润分配、申请破产等重大事项，是发生国有资产流失的主要环节，2009 年 8 月 27 日中国新闻网曝光的中石油斥资 20.6 亿为员工在北京购买上千套住房事件[④]，就是一起企业内部人利用现行制度监管中存在的漏洞进行特殊利益输送的案例——中石油利用公司的资产进行抵押，变相向开发商提供借款，然后由开发商以低廉的价格向职工出售住房，变相造成国有资产流失。

在我国国有企业改革的进程中，有的经营者借改革开放的名义，利用兼并、合资、股份制等形式，将国有企业资产转入个人名下或境外，造成国有资产大量流失。

（三）红利虚化

2007—2009 年，992 家国有企业所得税的平均税负为 10%，民企的平均税负达

---

① 黄范章："须谨防在'国进'或'民进'掩护下的'官进'"，载《经济学动态》2010 年第 10 期。

② 王保树：《企业法论》，中国工人出版社 1988 年版，第 77 页。

③ 蒋海勇："企业国有资产法的立法修订建议——从国有资产保护视角"，载《广西财经学院学报》2010 年第 6 期。

④ 资料来源：http://www.china.com.cn/economic/txt/2009-08/27/content_18408308.htm，2013 年 6 月 6 日访问。

到24%。1994—2007年，国有企业没有上交一分钱利润。2009年，国有企业利润上缴比例仅约6%，其余利润都在企业内部分配。2010年，该比例降至2.2%。而央企上缴的红利目前主要在央企体系内部转移，尚没有体现出惠及民众的意义。[①]

1. 高内部循环

据财政部预算报告显示，2011年中央国有资本经营支出为769.54亿元，主要用于国有经济和产业结构调整、中央企业兼并重组、中央企业重大科技创新项目、境外投资等。相比之下，中央国有资本经营支出仅有0.21亿元用于教育，0.51亿元用于社会保障和就业，40亿元用于转移性支出。

2012年中央国有资本经营预算支出安排875.07亿元，其中，资本性支出744.72亿元，约占预算支出的85.1%，国有股减持收入补充社保基金支出20.1亿元，调入公共财政预算用于社保等民生支出50亿元，这两者仅占预算支出的8%左右。不难看出，国企红利大多流向国企内部，形成体制内循环。

尽管，国企红利纳入公共财政预算的份额有所增加，但国企红利大多用于自身发展轻民生分配的局面仍然没有发生根本性改变。同时，国有企业凭借其资源能源优势和政策倾斜，创造的巨大的经济效益使得国企员工的薪资水平和福利待遇远远高于非国有企业，国企员工过度消费了国企红利。

2. 低民生分配

自2007年《中央企业国有资本收益收取管理暂行办法》实施以来，中央国有资本经营预算支出主要是资本性支出，即用于中央企业结构调整、资产重组等，费用性支出和其他性支出则相对较少，用于民生领域的支出更是捉襟见肘。

2007年、2008年，国有企业红利调入公共财政预算，用于社会保障等民生的支出只有10亿元；2009年，国有红利用于社会保障类相关预算支出只有15亿元；2010年，中央国有资本经营预算调出资金40亿元，纳入公共财政预算用于支持社保等民生事业发展；2011年，这一预算支出提高到50亿元。

尽管国有企业红利投入民生领域的费用以较高的增长比例逐年增加，然而由于基数小，增加的国企红利很难满足公众的民生需求。从总量来看，其增加值也远小于资本性支出。也就是说，由于国有企业经营能力增强而增加的国有企业红利再分配过程中也较多地倾向于资本性支出，短期内实现民生分红与国有企业红利同步增长相当困难。

---

① 天则经济研究所课题组："国有企业的性质、表现与改革"，天则研究所2011年版，第3页。

另外，国有企业民生分红比例远远低于国际水平。按照国际惯例，上市公司股东分红比例为税后可分配利润30％—40％。一般而言，欧美国家在分红比例的确定上，普遍保持在42％—65％的较高水平。相比来看，我国国有企业不仅向国家分红的比例较低，而且国有企业红利的分配也主要用于国有企业的转制和改革，较少用于民生领域。①

（四）法人治理结构尚不健全

2013年6月27日，审计署长刘家义在第十二届全国人民代表大会常务委员会第三次会议上做出的《关于2012年度中央预算执行和其他财政收支的审计工作报告》指出，从审计调查53户中央骨干企业发展情况看，2008年以来，这些企业竞争力总体上明显增强，2012年底资产总额达25.47万亿元，营业收入、净利润年均增长超过15％，但经营绩效在2010年达高点后渐趋回落，净资产收益率从10.9％回落到6.4％。除受经济形势影响外，也反映出国有企业发展相关制度和机制还不健全。其中，法人治理结构尚不健全，一些企业会计核算不准确是比较突出的问题。

审计调查53户企业中有21户未按公司法注册，仍实行总经理负责制；有45户内部层级超过4级，最多达11级，子公司不当及违规决策时有发生，此次审计发现1 784项重大经济决策不合规，形成损失及潜在损失45.57亿元。一些企业为完成考核指标或少缴税款等，虚构销售或成本费用，影响会计核算的准确性，重点抽查的10户企业2011年收入不实46.65亿元、利润不实36.37亿元，还违规发放补贴、购买商业保险等5.57亿元。②

二、《全民所有制工业企业法》的司法状况

笔者走访了重庆市和武汉市以及广州市的部分法院十多名长期从事民商事审判的资深法官，据悉，几乎没有案件涉及《全民所有制工业企业法》的具体条文或基本原则。

笔者查阅了大量的数据库，其中，北京大学的法意网比较全面、详细地反映了《全民所有制工业企业法》的司法状况。

法意网的统计数据显示：《全民所有制工业企业法》共69个条文，自1988年诞生37年以来，在全国范围内涉及的纠纷共39例，其中，涉及的条文共21条，涉案条文的具体数据统计为：涉及第二条的共15例，涉及第三条、第四条、第九条、

---

① 林裕宏：“国企红利分配的民生导向探讨”，载《中国财政》2013年第8期。

② http://www.audit.gov.cn/n1992130/n1992150/n1992379/3300036.html，2013年10月1日访问。

第十条、第十四条、第十八条、第十九条、第二十条、第二十五条、第二十八条、第三十四条、第四十条、第四十六条、第四十七条、第五十一条、第五十二条、第五十三条、第五十七条的各一例，涉及第二十一条、第三十条的各 3 例。其他 50 个条文自生效以来，没有用于解决纠纷，不具备评判效力。[①]

第四节 《全民所有制工业企业法》调研基本情况

一、调研主要内容

为发现《全民所有制工业企业法》在实施中的问题，掌握实务部门的意见与建议，把握《全民所有制工业企业法》目前的实施状况，笔者针对《全民所有制工业企业法》的主要条文设计了调查问卷，共 18 道选择性题目，主要涉及国有企业的治理结构、企业的分配方式、高管薪酬水平、企业管理委员会的性质和作用、企业国有资产保值增值、企业红利流向、企业和政府的关系、国有企业法定代表人的产生、国有企业计划执行等等问题。还有部分选择题涉及《全民所有制工业企业法》的相关条文是否实现立法目的、该法的某些具体条文是否需要保留、修改、废除等内容。设计上述选择题的目的，主要是为了调查了解《全民所有制工业企业法》实施状况、实效范围，以及应予修改和完善的程度。

调查主要是在武汉的武昌光谷广场、汉口解放公园、汉阳以及重庆的三峡广场、解放碑等人流量相对集中的地点进行。

为了克服调查问卷的僵化和增强调研的张力，掌握确切的、翔实的一手资料，笔者还设计了系列访谈提纲，访谈内容涉及国有企业的治理结构、国有企业的红利问题等内容。访谈提纲设计的目的主要在于：通过访谈，考察受访者对《全民所有制工业企业法》的了解程度以及对实施效果的主观评价。

调查问卷和访谈提纲的具体内容见附录一和二。

二、调研基本方法

本次调研根据经济有效的原则，采用多阶段分层、整群抽样调查的方法，于

---

① 数据来源于法意网：http://www.lawyee.org/Act/Act_Display.asp?RID=27508&ItemID=0&ActItem=&KeyWord=+%E5%85%A8%E6%B0%91%E6%89%80%E6%9C%89%E5%88%B6%E5%B7%A5%E4%B8%9A%E4%BC%81%E4%B8%9A%E6%B3%95&singlepage=single，2015 年 7 月 11 日访问。

2011 年、2012 年、2013 年，分别在重庆、武汉两地展开了调查工作。共发放问卷 300 份，收回有效问卷 289 份，访谈 60 人次，本书所有数据均来源于这几个年份的现场问卷调查。运用 EXCEL2003 录入数据，利用 SPSS15.0 对数据进行单项描述统计分析，进行假设检验，完全符合统计学中问卷设计信度与效度要求。

三、样本概况

调查问卷涉及调查对象的性别、年龄、文化程度、是否在国有企业工作、是否了解《全民所有制工业企业法》等相关问题，这些内容对于调研的科学性直接相关。

受访者基本情况表显示，受访男性人数占 67.8%，女性占 32.2%；年龄上，31—60 岁的人数较多，占到了 73.1%；大专文化程度的占比 33.4%，本科及以上文化程度的占比 39%。

受访者男性居多，总体文化程度比较高，阅历比较丰富，判断比较理性，具有较好的代表性，所调取的数据符合统计分析的科学性要求。（详细内容见表 1）

表 1　受访者（问卷调查）基本情况

项目	变量名称	频数	比例
性别	男	196	67.8%
	女	93	32.2%
年龄	18 — 30 岁	9	3.0%
	31—40 岁	30	10.3%
	41 — 50 岁	110	38%
	51 — 60 岁	70	24.2%
	60 周岁以上	80	36.9%
文化程度	中专以下	27	9%
	中专	51	18%
	大专	97	33.4%
	本科	62	21%
	硕士及以上	51	18%
样本总量		289	100%

注：有的项总频数少于 100%，是由于部分问卷对个别问题未做选择（以后各表亦同）。

另外访谈了 60 人次，受访者的基本情况与问卷调查受访者的基本情况大致相同。调研所得数据与法意网的数据相互印证。

第二章 《全民所有制工业企业法》的优点与积极作用

路易斯·雷加森斯·西克斯（Luis Recasens Siches）认为：法律是一个旨在实现某些价值的规范体系，法律评价的任务乃在于寻找制定实在法内容时所应考虑的价值标准。[①]埃德加·博登海默进一步指出：疑难问题的解决取决于价值判断，而不是取决于相关实施性基据的确定。[②]在这些经典思想的指导下，笔者认为，《全民所有制工业企业法》具有其独特的优点和积极作用。

第一节 《全民所有制工业企业法》优点分析

一、立法指导思想鲜明

《全民所有制工业企业法》的立法指导思想在第 1 条便已明确提出，即"为保障全民所有制经济的巩固和发展，明确全民所有制工业企业的权利和义务，保障其合法权益，增强其活力，促进社会主义现代化建设，根据《中华人民共和国宪法》，制定本法"。为了贯彻这一思想，第二条规定了全民所有制工业企业的主体地位和财产权利以及民事责任形式，第三条和第四条规定了全民所有制工业企业的任务，即：企业的根本任务是：根据国家计划和市场需求，发展商品生产，创造财富，增加积累，

---

① ［美］E·博登海默：《法理学——法律哲学与法律方法》，中国政法大学出版社 1999 年版，第 196 页。

② ［美］E·博登海默：《法理学——法律哲学与法律方法》，中国政法大学出版社 1999 年版，第 262 页。

满足社会日益增长的物质和文化生活需要。企业必须坚持在建设社会主义物质文明的同时，建设社会主义精神文明，建设有理想、有道德、有文化、有纪律的职工队伍。这就从立法上确立了全民所有制企业之法律地位，使其经营管理有法可依，其合法利益受到法律的保护。为促进我国全民所有制企业的巩固和发展提供了法律依据，有利于我国全民所有制经济的巩固和发展。

二、立法原则明确，且贯穿始终

立法原则是立法者在制定法律时必须遵循的基本原则，立法原则决定了一部法律应具有的品格。从《全民所有制工业企业法》第二条及整部法律的内容来看，《全民所有制工业企业法》凸显了三项立法原则：一是所有权和经营权相分离原则；二是坚持物质文明建设与精神文明建设并举的原则；三是经济责任和经济效益原则。

（一）所有权和经营权相分离原则

这项原则是《工业企业法》的首要原则，在该法的制定中得到了充分体现。《全民所有制工业企业法》制定之前的几年里，理论界和实务界在讨论全民所有制企业经营机制的时候，最多的话题莫过于所有权与经营权分离，以至于把它提到原则的高度。

至于什么是所有权与经营权的分离，在法律上它有什么特征？则没有一个确切的表述。

所有权与经营权的分离，是一项财产权同时存在所有者和经营者两个主体的前提条件下，经营者能够对该项财产独立自主经营，并承担责任，与所有者分享收益的社会经济现象和法律制度。所有权是指所有人对他的财产享有占有、使用和处分的权利，它是一种物权，具有排他性的特点。所有权的内容可以全部由所有人直接行使，也可以由所有人部分行使，还可由所有人全部不直接行使，只保留间接控制权和财产的部分收益权。这种情况，就使所有权内部出现所有权与经营权的分离有了可能。经营权是指非所有人利用对他人财产的合法占有，从事生产经营，并取得收益的权利。所有是财产初始阶段的权利，它所反映的是静止状态的财产关系；经营权则是财产增殖过程的权利，它所反映的是运动状态的财产关系。在我国当时的历史背景下，对全民所有制企业实行两权分离的主要根据是：全民所有制财产的性质和规模；全民财产国有化向社会化方向发展的趋势；国家宏观调控机能的加强和改善。[①]

　　《全民所有制工业企业法》第二条明确规定："企业的财产属于全民所有，国家依照所有权和经营权分离的原则授予企业经营管理。企业对国家授予其经营管理的财产享有占有、使用和依法处分的权利。企业依法取得法人资格，以国家授予其经营管理的财产承担民事责任。"至此，所有权同经营权分离的原则，得到了法律的认可和肯定，并受到法律保护。

　　所有权和经营权相分离，是我国在反思传统经济管理体制和改革实践的过程中逐渐形成的搞活企业的一个理论原则。它的基本内容是指，国家在保留对全民企业财产享有所有权的前提下，可以将财产的占有、使用及一定的收益、处分权交归企业，由企业在法定范围内生产经营。《全民所有制工业企业法》第二条第二款规定："企业的财产属于全民所有，国家依照所有权和经营权分离的原则，授予企业经营管理。企业对国家授予其经营管理的财产享有占有、使用和依法处分的权利。"这是对两权分离原则的较为完整的法律表述。应该说《全民所有制工业企业法》的内容都是围绕所有权和经营权相分离原则展开的。[②]

　　所有权和经营权相分离原则是对集中型传统经济体制的根本否定。正如《中共中央关于经济体制改革的决定》中所剖析的那样"过去国家对企业管得太多太死的一个重要原因，就是把全民所有同国家机构直接经营企业混为一谈"。经济改革的实践证明，搞活企业的一系列措施，如利改税，减少指令性计划，改革企业领导体制，改革企业内部分配制度，改革企业用工制度等，固然在一定程度上扩大了企业自主权，但并不能搞活大多数大中型全民企业。一方面，企业的税赋和各种社会负担过重，留利水平低，缺乏自我改造和自我发展能力；另一方面，企业受行政干预过多，自我约束意识不强，由此助长了类似拼设备等掠夺性经营的短期行为。实践证明，城市经济体制改革的实质性推进，有赖于以搞活企业为中心，由放权让利转换为两权分离，给予企业相对独立的财产权利。

　　当时的实践证明，实行两权分离，能理顺企业所者、经营者和生产者的关系，才能使企业真正做到自主经营、自负盈亏，才能使企业真正充满活力。[③]

---

　　① 郭瑞："一部主体与灵魂紧密结合的法律——《全民所有制工业企业法》简评"，载《中南政法学院学报》1989 年第 2 期。

　　② 马俊驹、余延满："所有权和经营权的分离是企业发的灵魂"，载《法学评论》1988 年第 3 期。

　　③ 佟柔等：《全民所有制工业企业法概论》，重庆出版社 1988 年版，第 20 页。

（二）《全民所有制工业企业法》的第二项立法原则——物质文明与精神文明并举原则

《全民所有制工业企业法》第三条的规定，企业的根本任务是："根据国家计划和市场需求。发展商品生产，创造财富，增加积累，满足社会日益增长的物质和文化生活需要。"《全民所有制工业企业法》第四条规定："企业必须坚持在建设社会主义物质文明的同时，建设社会主义精神文明，建设有理想、有道德、有文化、有纪律的职工队伍。"这一规定说明，两个文明一起抓。是《全民所有制工业企业法》确认的原则之一。

这一规定，意味着保证企业根本任务既要满足广大公民的物质文化生活需要，又要实现自己的盈利。全民工业企业是国民经济的基本单位之一。在我国公有制条件下，它在生产、交换、消费、分配等领域的活动，必须符合社会主义生产目的。这就是说，全民工业企业必须按照社会主义基本经济规律的要求，根据国家有关计划和市场要求，科学地组织企业的生产经营活动，最有效地利用企业的人力、物力和财力，为社会提供更多更好的产品和劳务，从而满足广大公民日益增长的物质文化生活的需要。

为了实现这一根本任务，在客观上就要求全民工业企业以市场为目标，搞好企业经营。企业经营是企业的物质生产运动与生产的社会化相联系的经济过程。它既涉及企业内部的科研试制、产品制造，也涉及企业外部的流通、消费，包括物资采购、生产协作、产品销售、用户服务和市场调研等。全民工业企业要更好地向社会提供产品和服务，就必须遵循企业经营的规律，广泛获取市场信息，科学制定生产发展规划，注重科研和产品开发，搞好产品销售与技术服务。

与此同时，工业企业也是一个以盈利为目的的经济单位。工业企业作为具有一定权利义务的经济实体，有着独立于其他主体的必要财产，并由此产生了独立的物质利益。许多资本主义国家的民商法典和其他民事、经济法规在规定公司等企业法人时。都十分重视其盈利性。我国《民法通则》关于法人的规定，实质上也包含了盈利性的内容。这一点，正是企业区别于其他事业单位和行政组织的重要特征之一。

建设两个文明，是现代社会普遍重视的问题，在当时的我国尤为如此。物质文明是精神文明不可缺少的基础，精神文明对物质文明又有巨大的推动作用，二者互为条件，缺一不可。对企业来说，一方面要为社会提供大量价廉物美的物质产品，另一方面又要不断提高职工的个人素质和思想水平。这种双重职能就决定了企业必须同时建设两个文明。一般说来，企业既然是以创造财富、增加盈利为目的，因而可能较为重视物质文明，而忽视精神文明。实际上，西方现代企业的管理经验证明，提高职工的素质，建立文明的职工队伍，是保障一个企业在竞争中立于不败之地的强大力量。

在我国，随着经济体制改革的不断深化，在物质文明建设取得可喜的成就的同时，精神文明建设也有了相应的发展。但是，精神文明建设方面还存在许多问题，主要表现为三个不适应，即思想建设与改革开放的形势不相适应；管理工作与开放、搞活的要求不相适应；文化建设与人民群众日益增长的文化需要以及整个社会主义事业发展的需要不相适应。在企业内部，随着经济责任制的推行和分配制度的改革，个人主义、利己主义观念在一些干部职工头脑中有所滋生。全局观念、集体观念淡化。这些现象的存在，给企业精神文明建设提出了迫切的要求。

任何一次改革都是权力和利益的重新调整和分配。因而，体制改革中精神文明建设的首要任务应当是切切实实地让每一个企业和职工在改革中得到一定利益的同时，也让他们认识到，企业利益、个人利益是同国家利益、社会利益紧密地联系在一起的，从而激发起广大干部、职工的集体主义热情。增强他们的纪律、法制观念和主人翁责任感。这就在客观上要求改革传统的思想政治工作方式，进一步研究和寻求在新的历史条件下进行精神文明建设的有效途径。[①]

（三）经济责任和经济效益原则

经济体制改革以来扩大企业自主权的实践显示：单纯的扩大企业自主权并没有从制度上给予切实保证，一些企业与国家争夺利益，造成基建投资和消费基金的失控，需求膨胀，企业普遍出现行为短期化的倾向。同时，由于企业行为短期化和缺乏自我约束机制，又形成"放权—收权—再放权—再收权"的微波运动。这充分说明了增强企业活力，实现所有权和经营权的真正分离，不仅要扩大企业的自主权，最根本的是要解决企业的经营机制问题，探索所有权和经营权分离的有效形式，寻找一种最佳的法律形式来确定国家与企业之间、企业所有者与企业经营者之间的责权利关系，建立合理的企业行为机制。只有这样，企业才能成为自主经营、自负盈亏的社会主义商品生产者和经营者。

承包、租赁等经营责任制形式，都是在我国改革实践中依据两权分离的原则建立起来的以强化企业责任约束为中心、责权利相结合的新型国有制的经营模式。实

---

① 佟柔等：《全民所有制工业企业法概论》，重庆出版社1988年版，第23页。

践证明，这些经营模式都是我国全民所有制工业企业所有权和经营权分离的有效形式。一方面，它们用契约形式明确了国家与企业、企业所有者与企业经营者的责权利关系，使国家与企业之间的行政隶属关系转变为平等主体之间的民事法律关系，这就有利于企业排除政府有关部门不必要的行政干预，维护企业的合法权益；另一方面，它们体现了"优胜劣汰"和扬长避短、保护竞争、促进联合的原则，有利于用经济办法打破地区封锁、条块分割。

在企业内部推行承包等经济责任制，使责、权、利层层落实到全体职工，职工劳动所得与劳动成果相联系，把蕴藏在企业中巨大的人力、物力和财力等潜力充分发挥起来。我国有企业法总结了我国经济体制改革实践的经验，明确规定："企业根据政府有关部门的决定，可以采取承包、租赁等经营责任制形式。"这就为企业采取承包、租赁等所有权和经营权分离的有效形式提供了法律依据。①

经济效益和经济责任制的关系，是目的和手段的关系，实行经济责任制的最终目的是为了提高经济效益；因此，《全民所有制工业企业法》将二者规定在同一个条款里，并通篇都体现了这一原则。

经济责任制是以提高社会效益为目的，实行责、权、利紧密结合的生产经营管理制度。经济责任制作为工业企业生产经营的一项重要管理制度和工业企业法的一项重要原则，是伴随着我国经济体制改革的进程逐步发展和完善的。《全民所有制工业企业法》从立法的角度肯定了经济责任制原则，其第十二条规定：企业必须加强和改善经营管理，实行经济责任制，推进科学技术进步，厉行节约，反对浪费，提高经济效益，促进企业的改造和发展。《全民所有制工业企业法》通篇都贯穿着这一原则和精神。

实行经济责任制，要求正确处理国家、企业和职工个人三者的利益关系。在社会主义制度下，国家、企业、职工个人各有自己的物质利益，但三者的根本利益是一致的。经济责任制兼顾了国家、企业和职工个人三者的物质利益，把责、权、利紧密结合起来。要求企业主管部门、企业、车间、班组和职工个人，层层明确各自在经济上对国家应负的责任，同时也要明确国家对企业、企业对车间、班组、职工个人的责任；在明确经济责任的基础上，划分各自应享有的经济权限和经济利益。在对等原则的前提下，把责、权、利紧密结合起来，即把国家、企业、职工个人三者之间的经济责任、经济权限和经济利益有机地结合起来，在保证国家利益的前提下，

---

① 马俊驹、余延满："所有权和经营权的分离是企业法的灵魂"，载《法学评论》1988 年第 3 期。

把企业生产经营的好坏同企业的物质利益联系起来，把职工的贡献大小同职工个人的物质利益联系起来。

经济责任制，体现着一种新型的社会主义的分工合作关系，它是社会化大生产的必然要求，它有利于打破"大锅饭"，克服平均主义，改进企业经营管理，提高企业经济效益；有利于增强企业活力，提高广大职工的责任心和充分发挥他们的主动性、积极性和创造性。因此，在企业里实行经济责任制是十分必要的，因而经济责任制成为《全民所有制工业企业法》的一项重要原则。

经济效益的基本点，就是要求企业用尽可能少的生产资料与劳动力的使用与消耗，提供尽可能多的符合社会需要的工业产品。随着生产社会化的发展，企业内部分工和社会分工日益精细复杂。在社会生产、分配、交换、消费活动中，如何以最少的劳动消耗取得更多的经济效益，已成为企业非常关注的问题。如果企业不注意精打细算、不从分析对比中研究和采取措施去提高经济效益，就会在竞争中被淘汰。因此，要使企业成为具有竞争能力的独立的经济实体，就必须提高经济效益。但如何评价经济效益，采用什么途径和方法提高经济效益，在不同的社会制度下会有不同的回答。在我国当时的经济条件下，生产的目的是为了满足整个社会日益增长的物质文化的需要，提高经济效益同人民群众的根本利益是一致的。因此，提高经济效益，必须是通过发挥劳动者的积极性、创造性，通过增加生产、厉行节约、反对浪费，通过推进科学技术进步、提高劳动生产率来取得。要提高经济效益，就必须搞好经济核算。经济核算，就是通过统计核算和会计核算，对企业生产过程中物化劳动和活劳动的消耗，进行精确的计算和严格的监督，对经营成果进行考核，以总结和反映再生产过程的各个环节是否合理，促使人们去改进自己的经济活动，节约资金，降低成本，增加盈利，扩大积累。因此，经济核算是督促企业努力提高经济效益的有效措施。综上所述，经济效益原则是《全民所有制工业企业法》的一项重要原则。它对于工业企业提高产品质量，降低产品成本，增加社会积累，改善人们生活，加速国民经济建设等，都有不可估量的作用。要贯彻这一原则，必须要以法律形式明确国家同企业的关系，让企业成为自主经营、自负盈亏的独立经济实体，实行各种形式的经济责任制，将责、权、利紧密结合起来；同时还应有一套合理的税收、财政信贷和价格政策，为企业正确地评估经济效益和搞好经济核算，创造良好的法律环境。[①]

[①] 沈乐平："析工业企业法的基本原则"，载《中南政法学院学报》1989 年第 1 期。

三、立法技术彰显了立法的系统性、逻辑性及规范性

立法技术在法律的制定过程中具有重要作用，立法技术不仅决定了一部法的立法质量，而且影响了人们对法律的理解和把握。

从外部看，《全民所有制工业企业法》与当时的《宪法》等法律和谐统一。

《宪法》是由全国人民代表大会制定的国家根本大法，具有最高的法律效力。因此，《宪法》中有关企业的规定是我国《全民所有制工业企业法》的最重要立法依据。《宪法》关于全民所有制企业的规定主要有这样几条："国营经济是全民所有制经济，是国民经济中的主导力量。国家保障国营经济的巩固和发展。"（1982年第七条）。"国营企业在服从国家的统一领导和全面完成国家计划的前提下，在法律规定的范围内，有经营管理的自主权。""国营企业依照法律规范通过职工代表大会和其他形式，实行民主管理。"（1982年第十六条）"国家通过提高劳动者的积极性和技术水平，推广先进的科学技术，完善经济管理体制和经营管理制度，实行各种形式的社会主义责任制，改进劳动组织以不断提高劳动生产率和经济效益，发展社会生产力。"（1982年第十四条）此外，1982年《宪法》关于"中华人民共和国公民有劳动的权利和义务"、"中华人民共和国劳动者有休息的权利"以及公民在社会保险、社会救济等方面的权利的规定，也为我国《全民所有制工业企业法》所遵守。《宪法》关于物质文明建设和精神文明建设的一系列规定以及其他规定，在《全民所有制工业企业法》第一章中就得到了反映。《宪法》的这些规定是《全民所有制工业企业法》的最基本的原则。在《全民所有制工业企业法》的实施过程中，如果产生了法律解释上的问题，或者遇到了新的矛盾和问题，凡是《全民所有制工业企业法》没有规定，或者没有明确规定，或者虽有规定但可能存在解释上的分歧的，一律以《宪法》为准。全国人民代表大会或它的常务委员会制定、批准的法律的效力仅次于《宪法》是《全民所有制工业企业法》的最重要渊源之一。这些法律可分为两类：一类是法律文件整体都是关于企业包括全民所有制工业企业的；另一类是法律文件的部分规定是企业必须遵循的法律规范。其中最为重要是1986年第六届全国人民代表大会第四次会议通过的《民法通则》，在《民法通则》的第三章关于"法人"的"一般规定"，"企业法人"和企业"联营"的规定，在《全民所有制工业企业法》中都得到了反映。例如《民法通则》第四十二条规定："企业法人应当在核准登记的经营范围内从事经营。"《全民所有制工业企业法》则在第十六条第二款做了相应的规定"企业应当在核准登记的经营范围内从事生产经营活动"。

所以，从外部看，《全民所有制工业企业法》在当时是与宪法、民法等法律和谐统一的。

从内部看，《全民所有制工业企业法》准确地反映了其所规范的对象——全民所有制工业企业，同时，其内部结构和内容分布也较恰当。

《全民所有制工业企业法》的名称准确地反映其所规范的对象，从谋篇布局方面看，《全民所有制工业企业法》的内部逻辑结构比较合理。《全民所有制工业企业法》的内容包括立法宗旨、全民所有制企业的定义和所涉及行业范围、企业的任务和设立条件、企业的权利义务、企业的权利义务企业的组织机构、企业和政府的关系、企业的法律责任、附则等，各部分内容的安排层次分明，逻辑比较顺畅；在体例上，《全民所有制工业企业法》采用章节结构，利于读者对其内容的整体把握；在文字表述方面，《全民所有制工业企业法》的法律概念的使用比较规范，条文的设计简洁准确，除少量条文外，字面上没有歧义，对标点符号的使用也是准确的。

四、立法程序注重调研，准备充分

《全民所有制工业企业法》是经过较长时间的酝酿、调查、试点和广泛征求意见之后产生的。它是改革的实践和民主的产物，它吸收了建国以来企业管理的正反两方面经验，特别是党的十一届三中全会以来改革的成功经验，依据党的改革开放政策，结合我国全民所有制工业企业的实际制定出来的。该法从提出酝酿到颁布实施，历时十年之久，易稿将近二十次。《全民所有制工业企业法》的制定过程，是新旧两种思想、两种制度激烈斗争的过程，是新思想逐步战胜旧思想，新制度逐步取代旧制度的过程。这大体经历了四个阶段。

（一）酝酿准备

早在 1978 年，邓小平同志在为党的十一届三中全会做准备工作的中央工作会议上，就提出要制定工厂法（工业企业法）。他说要集中力量在制定刑法、民法的同时，要制定工厂法、劳动法等，做到在处理国家与企业、企业与企业之间的关系问题时，有法可依，有法必依，执法必严，违法必究。解决我国有企业业长期以来无法可依的状况。随后，在彭真同志领导下，成立了工厂法起草调查组。1981 年 9 月，国务院讨论了调查组起草的"国营工厂法草案"。鉴于当时我国的经济体制改革特别是城市经济体制改革开始不久，企业的领导体制和责任、权限等问题需要进一步探索，立法条件还不成熟，主要是改变党委领导下的厂长负责制的条件不成熟，而国家对工业企业又亟须法律调整。针对这一情况，国务院决定，改"工厂法"为"工业企业暂行条例"，待条件成熟后再上升为法律。因此，从 1981 年到 1983 年 4 月，中共中央，国务院后颁发了《国营工业企业职工代表大会暂行条例》、《国营工厂厂长工作暂行条例》，《中国共产党工业企业基层组织工作暂行条例》和《国营工业企业暂行条例》。这四个条例对企业内部各方面关系做了一些规定，对于改变"文革"所造成的企业管理混乱状况，积累企业立法经验等，都具有一定作用。但是由于没有改变党委领导下厂长负责制的领导体制，党政不分，职责不清，多头领导，责权分离等问题基本上没有触及。鉴于此，1983 年底，中央领导同志再次要求改革企业领导体制，抓紧制定"企业法"。于是，企业立法工作以前所未有的规模和速度开展起来。①

（二）调查试点

1984 年春节过后，彭真同志就亲率调查组到华东、东北等地调查研究，在不到十个月的时间里，调查组进行了四次大规模的调查研究，深入到十个省市的几百个大中型企业，宣传改革企业领导体制的必要性，考察试行厂长负责制的可行性。同年 4 月，中共中央书记处第一次听取了调查汇报。指出，改革企业领导体制，实行厂长负责制已势在必行。但考虑到当时许多问题尚需探索、试验，尤其是企业外部条件尚未具备，制定企业法还为时过早，决定由国务院修改已颁发的若干条例，并同时进行企业领导体制改革的试点。为此，同年 5 月，中共中央办公厅、国务院办公厅联合发出通知，决定在北京、天津、上海、沈阳、大连、常州六个城市进行厂长负责制试点。至此，厂长负责制试点工作便在全国范围内逐步开展起来。在常州、天津、大连、北京等地召开的厂长负责制试点经验交流会，理论研讨会之后，实行厂长负责制的企业不断增多，实践效果越来越显著。这主要表现在，突出了厂长在企业中的地位和作用，增强了厂长的责任感。企业中党政不分，以党代政的状况才有了明显的改善，也进一步健全了职工代表大会制度和其他民主管理制度，民主管理的内容和范围更明确、更广泛。与此同时，国务院又下发了《关于进一步扩大国营工业企业自主权的暂行规定》。这样，调查组针对改革企业领导体制和扩大企业经营管理自主权两大关键问题，根据党的十二届三中全会《关于经济体制改革的决定》的精神，结合厂长负责制试点企业的实际情况，提出了"企业法草案"。1985 年初，中共中央书记处第三次听取了调查组的汇报，充分肯定了厂长负责制试点工作，并

---

① 房维廉、王梓木主编：《〈全民所有制工业企业法〉讲话》，经济科学出版社 1988 年版。

同时提议将《全民所有制工业企业法》（草案）提请六届人大常委会审议。

（三）反复修改

从 1985 年元月至 1988 年元月的三年间，企业法草案曾四次提请六届全国人大常委会审议并修改（第一次审议是 1985 年元月常委会第九次会议，第二次是 1986 年 11 月常委会第十八次会议，第三次是 1987 年 3 月常委会第二十次会议，第四次是 1988 年元月常委会第二十四次会议）。1988 年元月 9 日又经中共中央政治局会议讨论，原则同意。

《全民所有制工业企业法》之所以讨论修改这么长的时间，一方面说明它的确是一部重要的法律，各个方面都极为重视；另一方面，草案中涉及的一些问题比较复杂，确实有些不同意见。这些不同意见既涉及立法指导思想，也涉及对草案中几个重大问题的不同看法。在立法指导思想方面，有人主张要"超前，要有大胆的突破"。例如，把企业办成完全依靠市场调节的商品经济单位。又如，要改变全民所有制为企业所有制。还有人主张以承包制作为企业法的主线，明确企业的权利和责任，等等。对于草案的意见，集中在企业法要不要规定企业党组织的地位和作用，要不要规定大型企业经过允许可以设立集体决策机构等问题上。此外，对企业干部管理，民主管理、两权分离以及政府有关部门的职责问题，认识也不尽一致。这就增加了立法的难度，延长了立法的进程。党的十三大的召开，深刻地阐明了建设有中国特色的社会主义伟大事业的理论和一系列指导方针，为统一各方面的认识、进一步修改《全民所有制工业企业法》草案提供了依据。草案以十三大精神为指针，又做了较大修改，取得了突破性进展。1988 年元月 9 日，中共中央政治局会议讨论并原则同意草案，建议六月全国人大常委会第二十四次会议审议。元月 11 日，第二十四次常委会第四次审议草案，对《全民所有制工业企业法》（草案）给予了充分的肯定。六届全国人大委员长会议决定将《全民所有制工业企业法》（草案）公开登报，广泛征求意见，发动全社会讨论，以进一步修改完善。

（四）审议通过

《全民所有制工业企业法》（草案）公布以后，在社会上引起了普遍关注和强烈反响。各省，直辖市、自治区人大、政府有关部门以及政协、共青团、工会、妇联等组织都召开了座谈会，听取各方面人士对草案的意见，中央和地方的有关报纸、电台、电视台，对讨论的情况和意见有重点地做了报道。许多厂长（经理）、工人、专家学者踊跃投稿，畅抒己见，献计献策，提出了许多建设性的意见，形成了学习研究草案的高潮。在集思广益、博采众长的基础上,《全民所有制工业企业法》(草案)又做了进一步的修改,并于 1988 年 3 月由人大常委会第二十五次会议审议。最后,第七届全国人民代表大会第一次会议正式通过了《全民所有制工业企业法》(草案)见诸报端,发动全社会公开讨论,不仅对草案的进一步修改完善具有极重要的意义,而且对全国人民是一次广泛深入的普法教育,有利于《全民所有制工业企业法》正式颁布后的贯彻执行。更为重要的是它是我国法律制度民主化和人民参与管理国家重大事务的生动体现,我国法制建设史上的一个伟大创举。

综上所述,《全民所有制工业企业法》作为企业的根本大法,其酝酿时间之长,调查试点之多,立法难度之大,思想斗争之激烈,上下关注程度之高,是当时的中国立法史上罕见的。[①]

五、法律内容重点突出

《全民所有制工业企业法》共 8 章 68 条,除了第一章总则是规定《全民所有制工业企业法》的立法原则以外,第二至六章总共规定了三个具体方面的内容:第一类是企业同国家的关系,包括企业同中央国家机关以及地方人民政府的关系;第二类是企业同企业之间的关系;第三类是企业内部的关系。

第二章从动态的角度对企业的设立、变更和终止的条件、审批程序、登记程序做了明确规定。第七章法律责任规定了企业、企业领导人、政府机关违反《全民所有制工业企业法》规定的义务所要承担的法律责任。第八章附则规定了《全民所有制工业企业法》的适用范围。

《全民所有制工业企业法》是调整国家在管理监督全民所有制企业(以下简称企业)的过程中和企业在生产经营活动中所发生的各种经济关系的法律规范的总称。该法的规范的对象是:全民所有制工业企业与政府有关部门在国家管理企业过程中发生的经济关系;全民所有制工业企业与其他企业在生产经营活动中产生的经济关系;全民所有制工业企业内部在内部管理领导过程中发生的经济关系。

《全民所有制工业企业法》以法律形式确立了全民所有制企业商品生产者和经营者的地位,有利于增强此类企业的活力。增强企业活力,特别是增强全民所有制大中型企业活力,是当时我国经济体制改革的中心环节。而要增强企业活力,就必须按照有计划商品经济的客观要求,使企业成为自主经营、自负盈亏的商品生产者

---

① 房维廉、王梓木主编:《〈全民所有制工业企业法〉讲话》,经济科学出版社 1988 年版。

和经营者，并建立健全宏观经济调控体系。《全民所有制工业企业法》第二条规定，"全民所有制工业企业（以下简称企业）是依法自主经营、自负盈亏、独立核算的社会主义商品生产和经营单位"，并明确规定，要"依照所有权和经营权分离的原则"，使"企业对国家授予其经营管理的财产享有占有、使用和依法处分的权利"。这就以法律形式确立了全民所有制企业商品生产者和经营者的地位，使企业活力的增强有了法律保证，它既是对企业改革经验的深刻总结，也是进一步深化企业改革的指南。实现企业的自主经营、自负盈亏，虽然是企业改革的方向和最终目标，但各项现实的方针、政策，深化企业改革，贯彻落实《全民所有制工业企业法》都必须有利于朝着这个方向和目标前进，而不应背离这个方向和目标。所以，当时实务界认为：怀疑《全民所有制工业企业法》的指导思想和基本内容的正确性，实际上就是对企业改革的方向和目标发生了动摇，这是不利于增强全民所有制大中型企业活力的。①

《全民所有制工业企业法》的具体内容的重点在于：确定企业的法律地位；规定企业设立、变更和终止的程序；明确企业的权利和义务；明确企业的内部领导制度，企业与政府有关部门的关系，等等，最后要确定违反法律的法律责任。

1. 企业的设立、变更和终止

设立企业必须具备以下条件：产品为社会所需要；有能源、原材料、交通运输的必要条件；有自己的名称和生产经营场所；有符合国家规定的资金；有自己的组织机构；有明确的生产经营范围；法律、法规规定的其他条件。

设立企业必须依照法律和法规，报请政府授权部门审核批准。经工商行政管理部门核准登记、发给营业执照，企业取得法人资格。② 法人制度是确认工业企业法律主体资格的主要形式。企业一旦取得法人资格，就能以自己的名义参与经济活动，成为经济法律关系的主体，享有经济权利并承担经济义务。企业的分立、合并、终止以及生产经营范围的登记事项的变更，须按照法律由工商行政管理部门核准登记，不能擅自决定。

2. 企业的权利和义务

按照一部法律的主要内容是规范主体还是规范行为，可以将法律划分为主体法和行为法。《全民所有制工业企业法》属主体法范畴，那么企业的权利和义务自然

---

① 周绍明："贯彻落实企业法，深化企业改革"，载《学习与研究》1992年第2期。
② 《全民所有制工业企业法》第十六条：设立企业，必须依照法律和国务院规定，报请政府或者政府主管部门审核批准。经工商行政管理部门核准登记、发给营业执照，企业取得法人资格。

就是该法的重点内容。① 企业的权利主要是指企业的经营权，即法律赋予企业能够做出，或者不做出一定行为，以及要求他人相应作为或者不作为的资格。经营权即企业对全民所有的财产享有占有、使用和依法处分的权利。根据《全民所有制工业企业法》的规定，全民所有制企业享有以下基本权利：

第一，生产经营计划权。

在国家计划指导下，企业有权自行安排生产社会需要的产品或者为社会提供服务。企业有权要求调整不是必需的计划供应物资或者产品销售安排的指令性计划。企业有权接受或者拒绝任何部门和单位在指令性计划外安排的生产任务。②

第二，供销权。

企业有权自行选择供货单位，购进生产需要的物资。企业可以根据资源和运输条件同供货单位签订合同，直达供应，直接结算。在销售方面，企业有权自行销售本企业的产品，国务院另有规定的除外。承担指令性计划的企业，有权自行销售计划外超产的产品和计划内分成的产品。在产品价格方面，除国务院规定由物价部门和有关主管部门控制价格的以外，企业有权自行确定产品价格、劳务价格。

第三，财物权。

这是指企业对固定资产、流动资金、专用基金的管理权或管辖权。企业对固定资产没有完全的处分权，但企业有权出租或者有偿转让国家授予其经营管理的固定资产。其中非闲置、多余固定资产的出租、转让须经政府授权部门批准。以上所得的收益必须用于设备更新和技术改造。国家对这部分财产具有最后的处分权。财和物是企业开展正常的经营管理活动必需的物质条件。因此《全民所有制工业企业法》规定，企业有权按照国务院规定支配使用自有资金。企业有权依法用现有的固定资产、流动资金以及工业产权向其他企业、事业单位投资，持有其他企业的股份。企业有权按照国务院规定，发行债券。企业有权按照国务院规定提取和使用分成的外汇收入。

第四，工资、人事权。

企业自主经营的个中含义不能不包含企业有权决定内部经营管理机构的设置及其人员编制。所以《全民所有制工业企业法》第三十一条和三十二条规定企业有权按照国务院规定决定录用、辞退等用人办法。设置这些权利，有利于企业将竞争机

---

① 覃有土：《商法学》，高等教育出版社 2011 年版，第 7 页。

② 《全民所有制工业企业法》第二十二条：在国家计划指导下，企业有权自行安排生产社会需要的产品或者为社会提供服务；第二十三条：企业有权要求调整没有必需的计划供应物资或者产品销售安排的指令性计划；第二十四条：企业有权自行销售本企业的产品。国务院另有规定的除外。

制引进企业用人制度，优胜劣汰，保证企业人员的良好素质。在工资方面，企业有权确定适合本企业情况的工资形式和奖金分配办法，这样可以把人们的劳动成果与其物质利益挂起钩来，从而充分调动职工的劳动积极性，发挥职工的创造精神，让企业充满活力。

第五，拒绝摊派权。

针对当时乱摊派的普遍现象，《全民所有制工业企业法》第三十三条规定企业有权拒绝任何单位向企业摊派人力、物力、财力。就是说，企业有不受人妨碍地占有、使用、处分自己经营的那部分财产的权利。国家授予企业经营管理的财产受法律保护，不受侵犯。企业的合法权益受法律保护，不受侵犯。

《全民所有制工业企业法》的核心问题就是企业的权利和义务。国家主要是通过对企业权利和义务的规定来管理和控制企业的生产经营活动，为企业真正成为相对独立的经济实体，成为自主经营、自负盈亏的社会主义商品生产者和经营者提供法律保障。

3. 厂长全面负责制

厂长负责制与民主管理是企业内部领导管理的法律制度。[①] 厂长是企业的法定代表人。企业建立以厂长为首的生产经营管理体系。厂长在企业中处于中心地位，依法对企业全面负责任。厂长行使下列职权：①领导企业的生产、经营管理工作和精神文明建设。②依照法律和国务院的规定，决定或者报请审查批准。③决定企业机构的设置。④任免企业中层行政领导干部，提请政府授权部门任免副厂级行政领导干部，国务院另有规定的除外。⑤提出工资调整方案、奖金分配方案的重要的规章制度、福利基金使用方案和其他有关职工生活福利的重大事项的建议，提请职工代表大会审议决定。⑥依法奖惩职工，对副厂级行政领导干部的奖惩应报政府部门备案。企业各方面的负责人和职工代表组成管理委员会，协助厂长决定企业重大问题。厂长任管理委员会主任。职工代表大会是企业实行民主管理的基本形式，是职工行使民主管理权利的机构。职工代表大会的工作机构是企业的工会委员会。充分发挥职工代表大会、工会和职工代表在审议企业重大决策、监督行政领导和维护职工合法利益方面的作用，体现了职工作为企业主人翁的地位。

---

① 《中华人民共和国全民所有制工业企业法》第七条：企业实行厂长（经理）负责制。厂长依法行使职权，受法律保护；第十条：企业通过职工代表大会和其他形式，实行民主管理。

4. 企业与政府有关部门的关系

通过立法理顺政府与企业的关系是《全民所有制工业企业法》的立法初衷,《全民所有制工业企业法》设专章共六个条文规定政府与企业的关系。首先明确政府有关部门与企业的关系是一种上下级之间的领导与被领导的隶属关系。其次规范政府有关部门的职责。[①] 最后,禁止政府及有关部门的行为:不得侵犯企业依法享有的经营管理自主权;不得向企业摊派人力、物力、财力;不得要求企业设置某一机构或者规定机构的编制人数。

禁止政府和有关部门乱摊派的有关规定,从立法上、制度上保障了企业独立经营的基本权利,使企业真正成为独立的经济实体,成为自主经营、自负盈亏的商品生产者和经营者。[②]

第二节 《全民所有制工业企业法》的积极作用

《全民所有制工业企业法》是我国第一个规范国有企业的法律,它是有关我国国有企业与政府关系,国有企业的设立、变更,国有企业的权利义务的基本法,在实践中得到了积极宣传和广泛推介,基本实现了立法预期的效果。其积极作用体现在以下几个方面。

一、明确了企业的权利和义务

在我国当时的经济改革中,国家对企业的生产经营计划、劳动人事管理和工资奖金分配等方面做出了一系列扩大自主权的规定,这对于促使企业成为自主经营的商品生产经营者、增强企业活力,起到了重要的作用。

我国 1986 年制订的《民法通则》在第五章"民事权利"的第一节"财产所有权

---

① 《中华人民共和国全民所有制工业企业法》第五十五条:政府或者政府主管部门依照国务院规定统一对企业下达指令性计划,保证企业完成指令性计划所需的计划供应物资,审查批准企业提出的基本建设、重大技术改造等计划;任免、奖惩厂长,根据厂长的提议,任免、奖惩副厂级行政领导干部,考核、培训厂级行政领导干部。第五十六条:政府有关部门按照国家调节市场、市场引导企业的目标,为企业提供服务,并根据各自的职责,依照法律、法规的规定,对企业实行管理和监督。(一)制定、调整产业政策,指导企业制定发展规划。(二)为企业的经营决策提供咨询、信息。(三)协调企业与其他单位之间的关系。(四)维护企业正常的生产秩序,保护企业经营管理的国家财产不受侵犯。(五)逐步完善与企业有关的公共设施。

② 盛杰民:"全民所有制工业企业法",载《中国工商》1988 年第 6 期。

和与财产所有权有关的财产权"中，将全民所有制企业对其拥有的财产的权利性质界定为"经营权"。但是，《民法通则》对经营权的具体权能未予说明，根据当时负责起草工作的顾昂然先生介绍，"这种权利范围的大小，则由《国营企业法》来规定"①。顾先生所提及的《国营企业法》即是指后来在1988年4月13日通过的《全民所有制工业企业法》。

《全民所有制工业企业法》第二条第二款对经营权的内容做出了详细的规定："企业对国家授予其经营管理的财产享有占有、使用和依法处分的权利。"在第三章对企业的权利做了详细具体的规定。这些章节和条款是对企业的权利和合法利益做出的法律保障。结合当时的经济发展趋势和社会弊病，为了使企业逐步走向国际市场，《全民所有制工业企业法》增加了企业的对外贸易权，赋予企业发展外向经济的权利。例如，《全民所有制工业企业法》第二十七条规定："企业有权按照国务院规定与外商谈判并签订合同。"为了保障企业自主经营权，赋予了企业拒绝法律规定外的摊派的权利；适应社会主义初级阶段的实际情况，在以按劳分配为主体的前提下，赋予企业决定适合本企业情况的工资形式和奖金分配的权利。另外，《全民所有制工业企业法》第三十四条还规定了企业持有其他企业的股份和发行债券方面的权利，该法的前瞻性由此可见。

同时，在《全民所有制工业企业法》第三章中还规定了企业应该承担的义务，包括企业必须完成指令性计划必须有效地利用固定资产的保值、固定资产的正常维修、改进和更新；必须保证产品质量和服务质量、遵守国家有关的规定和接受国家有关部门监督，等等。所有这些规定对于约束企业的行为、维护国家和社会的利益都是必要的。

二、维护了企业合法权益，增强了企业活力

《全民所有制工业企业法》的颁布和实施，在国内外产生了巨大的反响，意义十分重大，它标志着我国国有企业由生产型向生产经营型的稳健过渡，标志着我国依法管理企业有了一个良好的开端，体现了国家对经济的管理向高水平发展的良好态势。《全民所有制工业企业法》为我国当时社会主义有计划商品经济的顺利运行和发展奠定了坚实的法制基础。

从当时立法体系的效力看，《全民所有制工业企业法》是一个极为重要的基本

---

① 顾昂然："关于民法通则问题的报告"，载《法学研究动态》1986年第10期。

法律之一，在我国调整经济关系的法律体系中，居于首要位置。这不仅仅是因为它的原则、内容是直接涉及全民所有制企业的法律地位，企业的权利和义务，国家同企业间的责权利关系，以及企业内部领导体制等根本性的问题，而且，从立法程序来看，《全民所有制工业企业法》从酝酿到产生始终坚持了民主程序，草案先后经全国人大常委会5次会议讨论，并在当时的媒体公开征求全民意见，除了《宪法》和《香港基本法》之外，这在我国立法史上也是罕见的。可以说，它是凝聚了全国人民的心血，系统地总结了建国以来企业管理工作正反两个方面经验教训的产物。

从历史地位看，《全民所有制工业企业法》是我国城市经济体制改革的一个里程碑。早在我国经济体制改革刚刚兴起的时候，小平同志就曾明确地指出："应该集中力量制定刑法、民法、诉讼法和其他各种必要的法律，例如工厂法……经过一定的民主程序讨论通过，并且加强检察机关和司法机关，做到有法可依、有法必依、执法必严、违法必究。"当时已经经过十年改革，但是，以企业改革为中心的城市经济体制改革相对于农村改革更加不易。《全民所有制工业企业法》从最初的工厂法草案，到全国人大七届一次会议通过，历时十年之久，召开了几百次座谈会，倾听企业厂长、党委领导成员、职工代表和工会领导成员、各级政府领导人以及社会各界人士的意见，反反复复并拟过几十个草案，吸收了我国体制改革过程中的每一个阶段性成果，坚持了我国社会主义方向和原则，也符合我国当时的实际情况。

党的十二届三中全会通过的《关于经济体制改革的决定》中提出以"两权分离"原则建立企业法人制度的意见，《全民所有制工业企业法》适时地将该原则上升为国家意志，确立了企业依法自主经营、自负盈亏、独立核算的社会主义商品生产者和经营者的法律地位，创设了企业的各项经营权利，同时也规定了企业对国家和社会承担的各项义务。在企业内部领导体制上，《全民所有制工业企业法》确定了厂长负责制这一领导体制，这是对我国建国前后企业管理制度的正反经验的总结，这个制度包括企业职工代表大会的民主管理制度和企业党组织的地位和在企业应发挥的作用。《全民所有制工业企业法》在其他方面的规定同样体现了改革的精神，以及社会主义原则和与中国实际相结合的精神。应该说，没有十年改革，就不会有《全民所有制工业企业法》，《全民所有制工业企业法》是十年改革的成就之一，而从另一方面看，《全民所有制工业企业法》的颁布和实施，不仅巩固了改革的成果，而且对于深化企业改革起到了引导与推动的积极作用。

实践证明，《全民所有制工业企业法》的实施效果是明显的。对于确立企业法人地位，巩固和发展全民所有制经济，促进政企分开、党政分开、责权利相一致和两个文明建设，对于逐步改善企业经营环境，提高企业经济效益，调动企业和职工的积极性、发展生产、积累资金，满足人民生活需要，保障社会稳定，保障社会主义经济秩序的稳定，《全民所有制工业企业法》所起到的积极作用是十分显著的。所以说，在当时，《全民所有制工业企业法》是一部良法。

当然，由于社会生活的复杂性、多样性，由于我国尚处在新旧体制交替的变革年代，改革在不断深化，治理整顿成果在不断发展，作为一部与治理整顿密切相关的法律，也会随着时间、条件和外部环境的变化而带来一些适应性方面的问题。[①]

三、促进了我国现代化建设

《全民所有制工业企业法》的实施，对巩固和发展改革成果，稳定企业，发展经济起了重要作用。比如，企业的法人地位得到了确立，企业的经营自主权进一步巩固，企业活力更加旺盛；厂长（经理）在企业的中心作用发挥得更加充分；职工民主管理的积极性更加高涨。特别值得提出的是，在当时物价上涨势头过猛的情况下，企业法对支持企业渡过难关起了不容忽视的作用。正如有的厂长说的那样：在困难时期，"企业法"为企业起了"保驾护航"的作用。在改革开放的起初几年里，治理整顿取得明显成效，我国的经济形势已开始好转，企业的经营环境有了改善。但企业仍然较普遍地存在着资金不足、经济效益不高、经营管理水平低、思想政治工作薄弱等问题。外部对企业自主权的干扰也不断发生。《全民所有制工业企业法》执行从法律制度上杜绝这些问题，使企业进一步走出困境，具有重要意义，所以说，《全民所有制工业企业法》是我国经济体制改革和政治体制改革的重要成果，它确立了企业是商品生产者和经营者的法人地位，规定了企业在生产经营中必须遵循的重要原则，规定了企业享有的权利、应尽的义务以及企业内部外部的法律关系。所以，当时司法界和理论界普遍认为认真执行《全民所有制工业企业法》，维护该法的严肃性、权威性，就是保护改革的成果。

由于两权分离是企业法的灵魂。政府有关部门要按照企业法的要求，进一步转变职能，为企业提供优良的服务，并在自己的职责范围内对企业实施管理和监督，维护企业的合法权益；政府及职能部门不再利用手中的权力干预企业依法进行的生产经营活动，不再向企业进行各种摊派，也不再强令企业承担法律规定之外的义务。

---

① 顾明："在《企业法》实施两周年座谈会上的讲话"，载《管理现代化》1990年第4期。

有的国有企业承包责任制，是当时我国实行两权分离的一种有效形式，它有利于调动企业和职工发展生产的积极性。企业法的重要内容是厂长负责制，是我国国有企业领导制度的重大改革。这一制度构建的目标就是国有企业的党组织和工会、共青团等群众组织要尊重厂长的职权，支持厂长的工作，保证厂长负责制的顺利执行，这是管理好企业的客观需要。实践证明，由于《全民所有制工业企业法》的要求，国有企业的厂长能够坚持两个文明一起抓，结合业务活动做好思想政治工作，对企业的生产指挥和经营管理工作全面负责。对重大问题的决策依照法律规定程序进行，做到决策民主化、科学化。同时，自觉接受企业党组织和职工群众的监督。

    总之，《全民所有制工业企业法》是在党的十一届三中全会以来的路线、方针、政策指引下制定的，是改革开放的辉煌成果之一。该法的制定是我国经济管理体制的重大改革，是增强企业活力，实行现代化管理，加快技术进步，提高经济效益，促进社会生产力发展的法律武器。它在我国经济法规体系中处于十分重要的地位，当时的许多经济法学家称它是经济法中的"龙头法"，有的还称之为"工业宪法"。

第三章 《全民所有制工业企业法》的
历史局限性

《全民所有制工业企业法》在孕育、制定时，人们的期望值很高，盼望这部调整社会主义企业行为的基本法律早日出台；在颁布实施的初期，学习、宣传和贯彻的热情也很高，许多行业和单位还结合自己的实际，制定了贯彻的具体措施或实施办法，之后的两年左右便出现了宣传上无声无息、检查监督上无人过问、贯彻实施上等待观望的冷清局面，基本上处于"上边无人问，下边无人找"的自流状态。[①]

实践证明，《全民所有制工业企业法》实施之初，对于指导企业改革，增强企业活力，起了重要的作用，但由于种种原因，《全民所有制工业企业法》赋予企业的经营权难以全面落实，企业很难做到自主经营、自负盈亏，绝大多数国有企业的经营机制，还不能适应市场经济的要求。因此，国务院在总结企业改革经验的基础上，于1992年7月制定了《全民所有制工业企业转换经营机制条例》，以期加速企业经营机制的转换，增强企业活力，把企业推向市场。

从对《全民所有制工业企业法》的评价和遵守上来看，人们很少把它提到规范企业的基本法的地位，更没提到工业宪法的地位，甚至不如其他法律。企业强调落实《全民所有制工业企业法》赋予的权利，而没把不按《全民所有制工业企业法》规定承担的法律义务视为违法；综合部门要求企业按《全民所有制工业企业法》规定承担义务，而没有认识到干预和截留企业的自主权的落实也是违法。各自强调自己的权利而忽视了义务，由于没有一个执法行政主管和检查部门而使问题得到纠正。

[①] 张宇霖："贯彻《企业法》的问题与对策——兼论《全民所有制工业企业转换经营机制条例》的贯彻问题"，载《财经问题研究》1993年第1期。

据某年份大连市的汇报材料统计：大家普遍认为《全民所有制工业企业法》是现行法律中最没有约束力的法律，是一部说起来重要，执行起来软弱，没有法律效力的法。[1]

一个曾经为我国早期经济法和企业法律体系龙头法地位的法律，如今却面临着不痛不痒、不用不废的尴尬现状，其中缘由值得深思。[2]

第一节　立法指导思想的局限性

萨维尼认为，法国民法典制定之时，相较于立法技术因素，政治因素的影响力更强大。[3]通过前面的梳理和分析，不难得出的结论是：《全民所有制工业企业法》立法之时，相较于立法技术因素，立法指导思想对这部法律的影响较大。

《全民所有制工业企业法》的立法指导思想的历史局限性要体现在以下几个方面。

一、计划经济的身份立法

《全民所有制工业企业法》立法之时，我国对企业改革的各项措施，都是针对不同所有制企业制定的，对企业的管理体制和方式，也是针对不同所有制区别对待的。所以，该法是计划经济时期的身份立法的典型代表。

该法立法之初，就有学者指出：按所有制立法，不能够适应我国经济体制改革的要求，在"企业法"前冠以"全民所有制"、"工业"等字样，就限制了这部法的作用范围。因为，目前在改革中多种所有制企业不断涌现，同时，公有制形式本身也在不断发展变化，正在出现新的公有制企业。[4]20多年后的今天，企业身份立法的弊端暴露无遗。[5]

由于《全民所有制工业企业法》制定于经济体制转型初期，计划经济体制的色彩仍部分残留，不利于现今市场经济体制的完善发展。例如，《全民所有制工业企业法》第三条："企业的根本任务是：根据国家计划和市场需求，发展商品生产，

---

[1]　张宇霖："贯彻《企业法》的问题与对策——兼论《全民所有制工业企业转换经营机制条例》的贯彻问题"，载《财经问题研究》1993年第1期。

[2]　孙晋：《中国企业法律制度的演进与变革》，中国社会科学出版社2011年版，第79页。

[3]　弗里德里希·卡尔·冯·萨维尼：《论立法与法学的当代使命》，中国法制出版社2001年版，第42页。

[4]　中国人民大学工业邓荣霖的观点，引自《〈企业法〉亟待出台，但草案不足之处仍需加以完善》载《经济管理》1998年第3期。

[5]　孙晋：《中国企业法律制度的演进与变革》，中国社会科学出版社2011年版，第79页。

创造财富，增加积累，满足社会日益增长的物质和文化生活需要。"第二十二条规定："在国家计划指导下，企业有权自行安排生产社会需要的产品或者为社会提供服务。"第三十五条规定："企业必须完成指令性计划。"《全民所有制工业企业法》第五十五条规定："政府或者政府主管部门依照国务院规定统一对企业下达指令性计划，保证企业完成指令性计划所需的计划供应物资，审查批准企业提出的基本建设、重大技术改造等计划……"，等等，这些条文直接体现计划经济时期我国国有企业的执行国家计划的职能。

杰出的经济学家——科斯是这样描述企业的："在企业外部，价格运动指导生产，生产通过市场上一系列相互交易达到协调。在企业内部，这些市场交易被取消了，伴随着相互交易的复杂市场结构被企业家——协调者所代替，后者指导生产。很显然，这些都是协调生产的可供选择的方法。"①

从另一角度看，该法虽建构了企业法人制度却未有其实，赋予的企业经营权难以落到实处。

《全民所有制工业企业法》明文确立了企业的独立法人资格，然而，一方面规定"企业的财产属于全民所有，国家依照所有权和经营权分离的原则授予企业经营管理"，即企业没有自己独立的财产。国有企业仅有企业法人之名而对其经营管理的财产不享有实质上的受益权，且在处分权上也面临着严格的限制，而法人制度的核心在于独立的财产和独立的责任。调研数据显示这一条文并不符合实际的所有权归属。见表2：

表2 《全民所有制工业企业法》调查问卷——问题5（可多选）

问题：《全民所有制工业企业法》第二条规定："全民所有制工业企业（以下简称企业）是依法自主经营、自负盈亏、独立核算的社会主义商品生产和经营单位。企业的财产属于全民所有。"你认为国有企业的财产如何为全民所有？	
选择项	选择的比例
A. 以交税的方式	13%
B. 以上缴红利的方式	56%
C. 以支付养老保险基金的方式	27%
D. 国有企业财产不可能为全民所有	98%
E. 国有企业财产应该为国家所有	96%

所谓"经营管理"，科斯也有论述："经营的意思是进行预测，利用价格机制

---

① ［美］奥利弗·E·威廉姆森、西德尼·G·温特：《企业的性质：起源、演变和发展》，商务印书馆 2007 年版，第 259 页。

和新合约的签订进行操作。而管理却正好只对价格的变化有反应，并依此重新安排生产要素。"但是《全民所有制工业企业法》第三条却规定："企业的根本任务是：根据国家计划和市场需求，发展商品生产，创造财富，增加积累，满足社会日益增长的物质和文化生活需要。"也就是说，如果企业自主经营管理，那么就有悖于企业的根本任务，如果恪守职责，那么就难以实现企业经营管理权。

由于国有企业的存在具有两方面的原因——作为政府履行职责的工具和作为执政者的执政基础。[①] 上述几条规定源于国有企业在计划经济时期特别的地位，当时的国有企业，直接向社会提供产品和服务，提高经济运行的效率，维护社会公平。

另一方面，依据该法第二条第三款的规定，企业"以国家授予其经营管理的财产承担民事责任"。实践中，政府对于长期亏损而无力偿还债务的国有企业不得不直接采取措施，譬如决定由经营状况好的同类企业将其兼并或者承包。这实际上告诉人们，相当多的国有企业没有民事责任能力，或者说国家实际上还对企业债务负有责任这一立法指导思想严重落后。

二、浓厚的行政管理色彩

《全民所有制工业企业法》是赋予企业权利的法，然而行政管理色彩浓厚。国有企业与国家的关系在该法中尚未完全厘清，导致企业外部行政干预，无法根治"政企不分"的问题。例如第五十六条规定："政府有关部门按照国家调节市场、市场引导企业的目标，为企业提供服务，并根据各自的职责，依照法律、法规的规定，对企业实行管理和监督。（一）制定、调整产业政策，指导企业制定发展规划。（二）为企业的经营决策提供咨询、信息。（三）协调企业与其他单位之间的关系。（四）维护企业正常的生产秩序，保护企业经营管理的国家财产不受侵犯。（五）逐步完善与企业有关的公共设施。"第五十七条："企业所在地的县级以上地方政府应当提供企业所需的由地方计划管理的物资，协调企业与当地其他单位之间的关系，努力办好与企业有关的公共福利事业。"这些规定直接导致以下问题。

（一）经营权的先天不足

经营权的先天不足使得企业难以彻底摆脱其作为行政机构附属物的地位。

如《全民所有制工业企业法》一方面明确国有企业对国家授予其经营管理的财

---

① 宁向东、吴晓亮："国有企业存在的原因、规模和范围的决定因素——一个关于企业产权类型的模型研究"，载《财经研究》2010 年第 7 期。

产享有占有、使用和依法处分的权利，但在具体规定企业的权利时，不少条款附加了若干前提条件，如"在国家计划的指导下"、"依照国务院规定"等，或者附加了一些"除外"规定。这无疑留下后患，给行政机构干预、截留企业权利提供了合法依据。调查数据显示这样的除外规定不合时宜，基本可以废除。见表3：

表3 《全民所有制工业企业法》调查问卷——问题11（单选）

问题：《全民所有制工业企业法》有很多赋予企业权利的规定，但是基本都附加了"在国家计划的指导下"或"国务院另有规定的除外"。你认为这样的附加	
选择项	选择的比例
A. 有必要、保障经济安全	13%
B. 没必要，阻碍企业自主经营	76%
C. 多数有必要	27%
D. 多数没有必要	95%

（二）经营权的派生性

由于国有企业的经营权是从国家所有权派生出来的，这就难免使企业的经营权受到所有人意志的左右和制约，从而难以最终成为一种独立的财产权。虽然从理论上说，企业经营权是他物权，可对抗包括所有人在内的非法侵害，但行政机构作为国家代表对下属企业进行不当干预时，企业难以对抗，这就使得《全民所有制工业企业法》赋予企业的权利难以落实到位。例如：在1992年4月召开的全国人大会议上，有代表提出，《全民所有制工业企业法》规定企业的13项经营自主权，其中落实较好的有3项，落实较差的有5项，尚未落实的有5项。针对《全民所有制工业企业法》规定的权利难以落实的问题，国务院于1992年6月通过的《全民所有制工业企业转换经营机制条例》详细地规定了企业的14项权利，对《全民所有制工业企业法》的有关规定做了具体的表述和引伸，使之具有较强的针对性和可操作性。[①] 但是这种以行政法规进行补充的形式，并不能从根本上改变《全民所有制工业企业法》关于企业权利的规范被架空的这一现实。

（三）行政权的主导性

由于《全民所有制工业企业法》在具体规定企业的权利时，不少条款附加了若干前提条件，如"在国家计划的指导下"、"依照国务院规定"等，或者附加了一些"除外"规定。给行政机构干预、截留企业权利提供了合法依据。所以，有些行政机关的不当干预屡见不鲜，企业因此苦不堪言，一度为企业反映最多、最强烈的

---

① 李明发："建立现代企业制度与重构国家所有权的实现方式"，载《法学》1994年第8期。

是"三乱"现象严重。中央和国务院曾三令五申禁止"三乱"，但事实上却屡禁不止。访谈资料显示，现在明目张胆的"三乱"有所收敛，但变相的"三乱"越来越多，集资、赞助，名目繁多，不胜枚举。例如某退休大领导出书，整个系统都派人参加此退休领导的新书座谈会。关于机构设置权，企业也很难充分利用，常常受部门条条的制约、干预，有的行政管理部门甚至给企业行文，硬性规定企业内部机构设置的级别和人员比例。结果是有的企业虽小，机构却一应俱全，既加重了企业负担，又影响了生产经营的效率。此外，一些老企业反映，由于历史的原因，背着沉重的债务、人员包袱，就是有了 14 项自主权，企业也无法用，不采取一些特殊扶持政策，很难活起来。[①]

众所周知，由于我国曾经实行高度集中的计划经济，政府拥有庞大的资源动员和配置能力，特别表现在其所拥有的广泛的政策权力资源上，这种长久的体制导致国企虽然一直在改制，但老旧的《全民所有制工业企业法》仍然让有些政府及其主管部门残留着政企不分的领导体制观念。政企分开和两权分离的宗旨被现实架空。[②]

市场经济条件下的政府职能是提供公共品的。政府提供公共品很重要的方式，就是规划，政府在做规划的时候只能因势利导而不能取代市场，[③] 不能以行政力量干预企业对市场的把握和应对。

三、宜粗不宜细的立法思想

较长时期以来，在我国立法工作中"宜粗不宜细"思想一直是重要的立法指导思想之一。《全民所有制工业企业法》受当时历史条件和人们对认识水平的局限。在整体结构和条款设置上，无不打上这一立法指导思想的深刻烙印。它集中表现在法律条文过少（全文共 69 条），规定较粗，原则性条款、弹性条款较多，可操作性较差。对许多应予明确的问题，未做明确规定，从而为破产实践出现的问题留下了隐患。

《全民所有制工业企业法》部分条文仅仅具有宣示性，不具有行为规则的可实践性。例如第四条："企业必须坚持在建设社会主义物质文明的同时，建设社会主义精神文明，建设有理想、有道德、有文化、有纪律的职工队伍。"第三十九条："企

① 张宇霖："贯彻《企业法》的问题与对策——兼论《全民所有制工业企业转换经营机制条例》的贯彻问题"，载《财经问题研究》1993 年第 1 期。

② 孙晋：《中国企业法律制度的演进与变革》，中国社会科学出版社 2011 年版，第 81 页。

③ 吴敬琏："重新界定政府职能"，载《资本市场》2013 年第 1 期。

业必须提高劳动效率，节约能源和原材料，努力降低成本。"第五十条："职工应当以国家主人翁的态度从事劳动，遵守劳动纪律和规章制度，完成生产和工作任务。"这些宣示性条文没有相应的责任条文对应，不具法律规则拥有的功能，也就难以实现当初立法者赋予或设定的法律作用。

《全民所有制工业企业法》很多规定仅仅表现为对其他规范的适用给予一种提示，而并未实际成为法律规范性的准则。例如第三章规定的企业的 13 项权利和第四章规定的厂长的 6 项职权中，出现"国务院另有规定的除外"、"依照国务院规定"、"依照法律和国务院的规定"之类的限定性规定多达 14 处。

尤其是在第六十七条，整个条文就是："国务院根据本法制定实施条例。"也就是在制定之初，在宜粗不宜细的立法思想束缚下，立法者已经预料到该法的抽象性和难以落实的后果，就该法面临实施的问题不得不做出权宜之计。所以，有学者指出《全民所有制工业企业法》虽然在条文上较为全面地规范了企业行为的各个方面，但是企业行为依然无确定的法律依据可供遵循，这无不使得该法自身的价值淡化。①

四、调整范围游移不定

《全民所有制工业企业法》第二条规定："全民所有制工业企业是依法自主经营、自负盈亏、独立核算的社会主义商品生产和经营单位。"第三条规定："企业的根本任务是：根据国家计划和市场需求，发展商品生产，创造财富，增加积累，满足社会日益增长的物质和文化生活需要。"

根据这两条的规定，不难得出工业企业的概念和特征。即所谓工业企业是指从事工业生产经营活动，实行自主经营自负盈亏、独立核算的经济组织。②工业企业均应具备的特征就是从事工业生产经营活动。

立法之时划分企业的标准都是根据马克思关于任何企业都具有两重属性的学说进行分类，即一般从企业的自然属性和社会属性两方面来进行企业分类。

从企业的自然属性方面看，根据企业所属的经济部门，可以划分为工业企业、农业企业、建筑安装企业、交通运输企业、商业企业、金融企业等。③

一般说来，工业是指开采矿物资源、采伐木材，并对矿业以及农、林、牧、副、渔各业所提供的原材料进行一系列加工的社会物质生产部门。工业的种类，按其劳

① 孙晋：《中国企业法律制度的演进与变革》，中国社会科学出版社 2011 年版，第 81 页。
② 张卫华编著：《工业企业法新论》，中国人民公安大学出版社 1993 年版，第 1 页。
③ 房维，土梓木：《全民所有制工业企业法讲话》，经济科学出版社 1988 版，第 8 页。

动对象的不同，可分为采掘工业和加工工业；按其在社会再生产过程中作用的不同，可分为生产生产资料的工业和生产消费资料的工业。

在我国，所谓"工业企业"总体说来是指：开采自然资源和制造、加工产品及修理生产用品的经营单位；电力、煤气、自来水等生产经营单位；教育、科研等事业单位从事商品生产的实验工厂（室）；以手工劳动为主，或从事传统工艺生产的手工业企业等。上述工业企业中，由国家投资兴办的，就称作全民所有制工业企业。[①]

立法征求意见时，中国管理现代化研究会及其法律顾问单位《关于对"中华人民共和国全民所有制工业企业法"（草案）的讨论意见》认为"工业企业法"这一提法，人为地将工业生产与流通领域分割，这是我国30多年来单纯计划经济的弊病，不符合社会主义商品经济的活动规律，而交通、运输、通讯本身等却不是工业生产的领域，建议企业法不要将生产和流通、销售、分配等诸领域人为地加以分割。[②]

1988年1月26日的在中国社科院工经所和《经济管理》期刊编辑部联合召开的《全民所有制工业企业法》（草案）座谈会上，时任中国人民大学工业经济系副主任的邓荣霖指出：工业字样限制了这部法的作用范围，现有的工业企业，也不都是单纯搞工业生产的经济单位，已经出现了不少生产—科技—商业一体化的企业。[③]

也许立法者考虑了上述因素，该法第六十五条专门对适用范围做了补充："本法的原则适用于全民所有制交通运输、邮电、地质勘探、建筑安装、商业、外贸、物资、农林、水利企业。"

从第六十五条的规定看，该法除了原则适用于全民所有制交通运输、邮电、地质勘探、建筑安装、商业、外贸、物资、农林、水利企业外，其他具体规定都不适用于这些企业。

结合《全民所有制工业企业法》第二条、第三条、第六十五条的规定，不难得出的结论是：《全民所有制工业企业法》除适用于全民所有制工业企业外，《全民所有制工业企业法》的原则还适用于全民所有制的交通运输、邮电、地质勘探、建筑安装、商业、外贸、物资和农林水利企业。[④]

① 崔勤之等著：《全民所有制工业企业法通论》，中国标准出版社1990年版，第10页。
② 中国管理现代化研究会："对'中华人民共和国全民所有制工业企业法'（草案）的讨论意见"，载《管理现代化》1988年第2期。
③ 中国社科院工经所和本刊编辑部联合召开《企业法》（草案）座谈会议资料："《企业法》亟待出台，但草案不足之处仍需加以完善——中国社科院工经所和本刊编辑部联合召开《企业法》（草案）座谈会"，载《经济管理》1988年第3期。
④ 张卫华编著：《工业企业法新论》，中国人民公安大学出版社1993年版，第8页。

然而，《全民所有制工业企业法》的原则在这部法中没有以条文的形式确定下来，不同的人有不同的理解，这样，《全民所有制工业企业法》第六十五条所补充的调整范围就难以确定，关于调整范围的立法意图被完全模糊了，没有达到立法目的，白白地浪费了立法资源。

第二节 立法技术的局限性

一、法律名称——"全民所有"指称模糊

文不通，则律不立，《全民所有制工业企业法》首先需要解决的语义上的问题就是"全民所有制"。

全民所有制作为一种现实的具体的经济模式是在斯大林时期产生和逐步完善起来的，并被视为社会主义的主要标志和根本特征。[①] 在解放初期，我国更多使用的是"国家所有制"、"国营经济"的概念。全民所有制范畴在我国广泛应用并取得法律地位，是照搬苏联模式的结果，这中间有一个逐步演化的过程。毛泽东在建国前夕指出："没收封建阶级的土地归农民所有，没收蒋介石、宋子文、孔祥熙、陈立夫为首的垄断资本归新民主主义的国家所有、保护民族工商业。这就是新民主主义革命的三大经济纲领。"[②] 第一届中国人民政治协商会议通过的《共同纲领》中规定："没收官僚资本归人民的国家所有"、"国营经济为社会主义性质的经济"。直到1954年在中华人民共和国第一部宪法中才出现了"全民所有制"的字样。1954年《宪法》表述如下："中华人民共和国的生产资料所有制现在主要有下列各种：国家所有制，即全民所有制；……"在这里，"国家所有制"仍然是主体概念，"全民所有制"只不过是附属概念而已。从1975年四届人大一次会议对《宪法》做了修改之后，"全民所有制"才以最高法律形式取得了至尊至圣的地位。在此以后的《宪法》中都明确规定："中华人民共和国的生产资料所有制现阶段主要有两种：社会主义全民所有制和社会主义劳动群众集体所有制。"至此，用"全民所有制"取代了"国家所有制"的提法。有学者认为，这种取代不是一种进步，而是一种向原苏联体制的完

[①] 宫希魁："告别全民所有制——世纪之交对一份经济思想遗产的再清理"，载《社会主义研究》2000年第6期。

[②] 毛泽东：《毛泽东选集》第4卷，第1253页。

全靠拢，是一种蜕化。①

笔者以为，法律和政治关系密切，政治情绪的影响往往是我国立法语言失范的重要原因之一。

《全民所有制工业企业法》的名称显然受到政治关系的影响较大，导致这部法律的名称指称模糊。国有企业作为全民所有制经济，"全民"成为国有企业产权的所有权人，但是，"全民"基于权利能力和行为能力的缺失导致其不具备所有权权利主体的法律资格，无法行使其权利。同时，由于全民统一意志无法形成，国有企业所有者是虚的、缺位的，全民这种提法存在法律瑕疵。

顾功耘教授则从另一角度指出：从名称上看，该法仅仅是关于全民所有制企业的立法，但随着经济体制改革的进行，在生产资料公有制为主体、多种经济成分共同发展的新的所有制格局背景下，该法的调整对象已然发生了质的改变，如若不进行变革，很容易造成对国有企业改革的误导。②

二、企业治理结构规范落后

《全民所有制工业企业法》关于国有企业内部治理的相关规定显得与时代脱节，滞后于现今国有企业快速发展的现状。

《全民所有制工业企业法》第四十五条规定："厂长是企业的法定代表人。企业建立以厂长为首的生产经营管理系统。厂长在企业中处于中心地位，对企业的物质文明和精神文明建设负有全面责任。"

依此规定，按照《全民所有制工业企业法》登记注册的企业，采用的是厂长、总经理负责制，是一个总经理带着经理班子进行经营。显然，依此规定形成的厂长负责制实质上是集权制，厂长作为企业的行政首脑，享有生产经营管理大权，极易形成独断专行甚至是滥用职权。"一把手负责"的好处是整个班子内部权力高度集中，在决策效率方面，可以减少久拖不决的现象。从内部权力分配看，副手对一把手负责，责任和报告关系也非常明确，指挥体系相对有效。然而，不可否认总经理负责制的决策方式也有很大的缺点，核心问题是在企业内部没有办法产生出制衡的机制，甚至是外部的派出监事制度、传统的纪律检查制度和监察制度以及职工参与制度都有可能失效。对于一些经营环境比较简单的企业，如果决策难度不高，标杆企业很容

---

① 宫希魁："告别全民所有制——世纪之交对一份经济思想遗产的再清理"，载《社会主义研究》2000年第6期。

② 顾功耘：《国有经济法论》，北京大学出版社2006年版，第300页。

易找，或是处于垄断行业中，一把手个人的智慧就比较容易保证决策的正确性。但对于大型企业或者经营环境非常复杂，"一把手负责制"就充满危险。把企业的稳定发展完全依附于一个人的决策准确性上面，放在一个人的智慧上面，是有问题的，也不符合公司治理的基本原则。①

《全民所有制工业企业法》也规定了党委和职工的监督权，这一设计，是用党委书记来监督一把手。但是却没有具体的制度来保障，很难对厂长的权力进行实质的约束。实务中，国有企业的一把手往往是党委书记和董事长或者党委书记和总经理一身兼，甚至三个职位都是一个人。结果，企业内部根本没有制衡，党的纪律检查职能和国家的监督稽查职能，职工的有效决策参与在这个企业内部都会失去效果。②

《全民所有制工业企业法》规定企业实行厂长（经理）负责制，起初是试图理顺企业内部的党政党群关系，以纠正以党代政、党政不分的现象，也是因其产权制度的性质决定的。既然国有企业的财产所有权归属于国家，国家当然可以通过它授权的政府管理部门任命厂长来行使经营管理权。这样的管理机制首先表现为厂长是企业的一元权力机构，集企业的决策权、管理权于一体，没有完善的监督机构。其次厂长是一长制，一切事务均由一个人的意志来决定。最后，厂长是任命制，由上级主管部门任命，他只对任命他的上级主管部门负责。企业法的这种管理机制是不符合现代企业管理制度要求的。

以现在的视角看来，实行厂长负责制，而不实行公司制的董事会、监事会，就难以相互平衡制约，国有企业就很难形成一个科学合理的内部决策机制。同时，一些国有企业内部腐败问题的发生，无不与国有企业法人治理结构的不完善有关系。国有企业的权力过于集中于"一把手"厂长（经理）手上，缺乏有效的监督制约。因此，国有企业内部治理结构的问题若不能从法律上得以规整，国有企业的现代化持续发展就将受到限制。③

三、产权界定不清，立法目的难以实现

《全民所有制工业企业法》虽然明确了全民所有制企业的资产归国家所有，但是，由哪一主体具体代表国家行使所有者权利以及如何对国有资产进行控制？《全民所有制工业企业法》却没有任何规定。在所有者缺位和所有者功能丧失的情况下，

---

① 宁向东："国有企业治理现状"，载《IT经理世界》2006年第8期。
② 宁向东："国有企业治理现状"，载《IT经理世界》2006年第8期。
③ 孙晋：《中国企业法律制度的演进与变革》，中国社会科学出版社2011年版，第80页。

全民所有制企业存在三种不正常的情况：第一种是维持计划经济体制下的旧制度，上级主管机关对企业的人、财、物，产、供、销等，统一管理，所有权与经营权没有分离，实质上仍然是各级政府在操办企业；第二种企业实质上是"内部控制"的无老板企业，经理人员可以控制一切，于是出现了利益输送、国有资产大量流失、企业被挖空等许多问题；第三种情况是两者兼而有之，上级主管机关经常干预企业的正常决策，但是如果经营者与上级主管机关的关系好，那就可以为所欲为。

针对《全民所有制工业企业法》的立法空白，《全民所有制工业企业转换经营机制条例》补充规定："国务院代表国家行使企业财产的所有权。"但是，这一规定实际上难以操作。在国有资产产权的管理上，国务院的国有资产管理部门实际上只起了资产登记的作用，具体到一个国有企业，到底由政府的那个部门代表国家行使国有资产的管理权，认识不一，争议较大，企业无所适从。[①] 国有企业的主体缺位，很容易产生以下问题。

1. 企业所有权主体不明

在《全民所有制工业企业法》的立法框架下，国有企业的所有权人要么是国家，要么是全民。

国有企业的投资人只有国家一个，但是，不表现为具体法律人格的国家是无法行使这种国有权利的。它要通过它所授权的投资企业来行使国有股权，而这些企业关心其投资利益，才能实现国有资本的增值。

国有企业的产权所有人如果是"全民"，那么，"全民"对国有企业这一客体也无法实现占有、使用、处分、收益的权能，所有权和股权亦无法实现，如国有股转让、国有企业重大决策的表决权、国有企业相关信息知情权、企业组织机构成员的选举、企业组织机构会议的出席、红利分配请求权等等，国有企业的所有经营管理事项都不可能召开股东会，听取"全民"的意志。"全民"作为国有企业产权的委托人，其意志无法对国有企业经营者的行为产生直接影响，名义上享有的权利在实践中无法行使和实施，"全民"的这种权利在法律实践中失去实现可能。把"全民"作为国有企业的产权归属便不具有现实意义。[②]

而国有企业对自己的财产享有的不是所有权而只是经营权，而且还没有规范的组织机构，相当一部分企业并不关心投资利益，不能自负盈亏，企业经营亏损的责

① 张宇霖："贯彻《企业法》的问题与对策——兼论《全民所有制工业企业转换经营机制条例》的贯彻问题"，载《财经问题研究》1993 年第 1 期。

② 王伟、李云峰："从全民所有制看国有企业的产权归属"，载《法制与社会》2012 年第 5 期。

任没有承担者。

2. 企业自我约束机制的规定难以落实

《全民所有制工业企业法》中对企业自我约束机制的规定有以下几个方面：第一，厂长的职责对其职权的约束；第二，企业的义务对其权力的约束；第三，职工群众和职代会民主管理和民主监督对厂长行使决策权的约束；第四，企业党委对党和国家方针、政策在本企业的贯彻执行实行保证监督。此外，还有当地政府和企业主管部门对企业实行管理和监督的外部约束机制。其中的第一、二和外部约束机制，属于经济的或经营性质的约束机制，第三、四属于政治性质的自我约束机制。

《全民所有制工业企业法》中对经济的或经营性质的约束机制的规定存在以下问题：

一是其规定本身和其他法律相重复。如第九条规定："国家保障职工的主人翁地位，职工的合法权益受法律保护。"第三十七条规定："企业必须遵守国家关于财务、劳动工资和物价管理等方面的规定，接受财政、审计、劳动工资和物价等机关的监督。"《中华人民共和国劳动法》、《中华人民共和国物价法》、《中华人民共和国审计法》等都规定了各自的调整范围，所以，第九条、三十七条实为多余条款。第三十八条规定："企业必须保证产品质量和服务质量，对用户和消费者负责。"此条规定相对于《中华人民共和国产品质量法》和《中华人民共和国消费者权益保护法》的相关规定，亦属累赘。表4数据可见一斑：

表4 《全民所有制工业企业法》调查问卷——问题9（单选）

问题：《全民所有制工业企业法》第九条规定："国家保障职工的主人翁地位，职工的合法权益受法律保护"。你怎样理解主人翁地位	
选择项	选择的比例
A. 就是劳动者	89%
B. 就是企业的主人	0
C. 不知道	11%

二是规定得太原则，难以操作。例如，《全民所有制工业企业法》第六条规定："企业必须有效地利用国家授予其经营管理的财产，实现资产增值。"而事实上，国家往往为经营不善的企业埋单。同样的，第三十九条规定："企业必须提高劳动效率，节约能源和原材料，努力降低成本。"第四十条规定："企业必须加强保卫工作，维护生产秩序，保护国家财产。"这些关于厂长和企业的职责，十分抽象原则，对于企业经营管理不善、亏损严重、短期化行为、国有资产流失、分配向个人

倾斜等问题，《全民所有制工业企业法》没有实质约束力，正如一只没有长牙的野兽，没有任何威慑力。

四、权利义务的设置不对称

《全民所有制工业企业法》明文确立了企业的独立法人资格，然而，一方面规定"企业的财产属于全民所有，国家依照所有权和经营权分离的原则授予企业经营管理"，即企业没有自己独立的财产。国有企业仅有企业法人之名而对其经营管理的财产不享有实质上的受益权，且在处分权上也面临着严格的限制。所谓"经营管理"，科斯指出："经营的意思是进行预测，利用价格机制和新合约的签订进行操作。而管理却正好只对价格的变化有反应，并依此重新安排生产要素。"而第三条却规定："企业的根本任务是：根据国家计划和市场需求，发展商品生产，创造财富，增加积累，满足社会日益增长的物质和文化生活需要。"也就是说，如果企业根据市场变化而自主经营管理，那么就有悖于企业的根本任务，如果恪守职责，那么就难以实现企业经营管理权。

国有企业的存在具有两方面的原因——作为政府履行职责的工具和作为执政者的执政基础。[①] 上述几条规定源于国有企业在计划经济时期特别的地位，当时的国有企业，直接向社会提供产品和服务，提高经济运行的效率，维护社会公平。

另一方面，依据该法第二条第三款的规定，企业"以国家授予其经营管理的财产承担民事责任"。实践中，政府对于长期亏损而偿还债务困难的国有企业不得不直接采取措施，譬如决定由经营状况好的同类企业将其兼并或者承包。这实际上告诉人们，相当多的国有企业没有民事责任能力，或者说国家实际上还对企业债务负有责任这一立法指导思想严重落后。

五、部分条文前后矛盾

《全民所有制工业企业法》立法之前的理论研究水平严重滞后，使之在立法技术上显得纰漏丛生，捉襟见肘。

理论滞后于立法，是当时我国立法实践中的通病，《全民所有制工业企业法》尤其如此。在起草之时，能够称为理论准备的，除寥寥数篇建议性的文章外，就是几部普法型和教科书型的册子。仅凭借它们来起草一部体例结构严谨、前后内容协调、

---

① 宁向东、吴晓亮："国有企业存在的原因、规模和范围的决定因素——一个关于企业产权类型的模型研究"，载《财经研究》2010 年第 7 期。

谋篇布局合理的较科学、较完善的企业法是难乎其难甚或绝不可能的，加之当时的立法经验并不很先进，所以，随手一翻《全民所有制工业企业法》，到处可见闲置性条文、遗漏性条文、矛盾性条文，诸如此类，不一而足。

譬如，前已述及《全民所有制工业企业法》共69个条文，自1988年诞生25年以来，其中50个条文从没有用于解决纠纷，不具备评判效力或者说没有成为判案依据。[①]

可以说，一部法律的大部分内容都不具备评判效力，那么这部法律的信仰则完全丧失，法律的功能闲置。

再如第四十四条和第五十五条都规定了国有企业的厂长的产生办法，但是，第四十四条规定厂长的产生由政府主管部门根据企业的情况决定采取政府主管部门委任（或者招聘）或者企业职工代表大会选举。政府主管部门委任或者招聘的厂长人选，须征求职工代表的意见；企业职工代表大会选举的厂长，须报政府主管部门批准。政府主管部门委任或者招聘的厂长，由政府主管部门免职或者解聘，并须征求职工代表的意见；企业职工代表大会选举的厂长，由职工代表大会罢免，并须报政府主管部门批准。而第五十五条规定"政府或者政府主管部门依照国务院规定统一对企业下达指令性计划，保证企业完成指令性计划所需的计划供应物资，审查批准企业提出的基本建设、重大技术改造等计划；任免、奖惩厂长，根据厂长的提议，任免、奖惩副厂级行政领导干部，考核、培训厂级行政领导干部。"

这两个条文在同一部法律之中，但是前后规定相互矛盾，严重减弱了法律的规范功能。

---

① 数据来源于法意网：http://www.lawyee.org/Act/Act_Display.asp?RID=27508&ItemID=0&ActItem=&KeyWord=+%E5%85%A8%E6%B0%91%E6%89%80%E6%9C%89%E5%88%B6%E5%B7%A5%E4%B8%9A%F4%BC%81%E4%B8%9A%E6%B3%95&singlepage=single，2013年7月11日访问。

第四章 《全民所有制工业企业法》面临的现实挑战

由于改革在不断深化，社会主义市场经济体制的建立和健全、社会主义法律体系的不断完善，作为一部与经济生活密切相关的法律，《全民所有制工业企业法》自然会随着时间、条件和外部环境的变化而产生适应性方面的问题。这也是该法越来越淡出经济建设和经济生活的主要原因。

第一节 立法的制度基础已经改变

一、国家经济体制由计划经济转向市场经济

我国经过 30 多年的经济改革，于 1992 年明确提出建立社会主义的市场经济体制。但由于我国受旧思想、旧观念影响，人们的市场经济观念还处于萌芽阶段，加之科学民主管理意识尤为淡薄，极大地阻碍了市场经济体制的发展。尤其是一些地方官员的官僚主义作风，为所欲为的腐败行为，给我国经济和社会的发展带来了相当大的负作用，严重干扰了我国政治和经济体制改革，可以说我国目前的社会是一个充满多种冲突的社会形态。最主要的冲突在于经济体制和政治体制：一方面是按国际惯例建立了社会主义市场经济体制，而另一方面却是与市场经济体制不相适应的政治体制。或者说一方面是比较高度的自由的市场经济体制，另一方面却是带有封建、保守、腐败性质的管理机制。当然，产生这一状况的原因是多方面的，但主要是我国民众科学民主管理知识奇缺，尤其是缺乏具有科学民主意识的开明管理人

才。[1]

在国际关系上由封闭到对外开放，再到加入 WTO 和全球化；在科技和生产力水平上高科技的迅猛发展和网络时代的到来。这些已经引起社会生活各方面重大而深刻的变化，也必然影响到公司制度和公司立法。例如：较之《全民所有制工业企业法》开始颁行时，我国市场经济已迅速发育并将随着各种制度的完善而逐渐成熟，但是，《全民所有制工业企业法》仍保留了许多计划经济色彩和许多不必要的行政管理措施。这这些措施不利于国有企业的经营管理，不利于市场机制充分发挥调节作用，终将在较大程度上阻碍我国的经济建设。

二、治国方略由人治向法治转变

1978 年党的十一届三中全会，深刻总结了建国以来特别是"文化大革命"十年的历史教训，提出："为了保障人民民主，必须加强社会主义法制，使民主制度化、法律化，使这种制度和法律具有稳定性、连续性和极大的权威，做到有法可依，有法必依，执法必严，违法必究。"这是党中央摒弃人治的历史宣言。此后，党的历次重要会议都强调依法治国的重要性。

党的十三大报告指出："法制建设必须贯穿于改革的全过程。"党的十四届三中全会提出："社会主义市场经济体制的建立和完善，必须有完备的法制来规范和保障。要高度重视法制建设，做到改革开放与法制建设的统一，学会运用法律手段管理经济。"党的十五次全国代表大会上，党的十五大（1997 年 9 月）报告明确提出，实行依法治国，建设社会主义法治国家。从此将"依法治国"确立为党领导人民治理国家的基本方略。江泽民总书记在报告中根据我国改革开放 20 年的经验和社会主义现代化建设跨世纪的发展需要，鲜明地提出了我国在社会主义初级阶段政治体制改革的目标是"进一步扩大社会主义民主，健全社会主义法制，依法治国，建设社会主义法治国家"。并且强调指出："依法治国，是党领导人民治理国家的基本方略。"

可以说，从党的十一届三中全会到党的十五大，是我国在治国方略上从人治向法治转变的开创时期。探索我国法制建设已经走过的这一短暂而又富有雏形成果的历程，思考实现法制现代化的艰巨任务，对于 21 世纪坚定地建设社会主义法治国家有着十分重要的意义。[2]

---

[1] 樊敏杰："我国国有经济的现状与改革的思路"，载《现代商业》2011 年 14 期。

[2] 傅昭中："治国方略的历史性转变"，载《四川师范大学学报》（社会科学版）1998 年第 4 期。

依法治国的提出并不是偶然的。在社会主义现代建设过程中，中国共产党在治国模式的选择上，在对法律问题的认识上，既有失败的教训，也有成功的经验。

依法治国的提出，是建国以来党的领导方式发生了"从坚持党的'一元'领导到依法治国"的战略性转变；是依政治国到依法治国的历史转变；是经历了从民主专政理论与实践，到社会主义民主法制建设理论与实践，再到依法治国，建设社会主义法治国家理论与实践的转变。①

1999 年 3 月，在九届人大二次会议上以第三个宪法修正案形式将"依法治国，建设社会主义法治国家"这一党的基本治国方略与目标，纳入《宪法》总纲第五条，成为国家的基本国策和宪法准则，② 从而使"依法治国"从党的意志转化为国家意志。

十五大报告从党和国家事业发展和法制建设的角度，明确提出到 2010 年形成中国特色社会主义法律体系。十六大报告再次强调，要适应社会主义市场经济发展，社会全面进步和加入世贸组织的新形势，加强立法工作，提高立法质量，到 2010 年形成中国特色社会主义法律体系。十七大报告一方面总结，"中国特色社会主义法律体系基本形成，依法治国基本方略切实贯彻"，另一方面提出任务，"依法治国是社会主义民主政治的基本要求，要坚持科学立法、民主立法，完善中国特色社会主义法律体系"。十八大报告强调，要继续完善中国特色社会主义法律体系。从上可见，当代中国语境下的法律体系，已经不是学理概念的法律体系，它成为中国社会政治发展的目标，被赋予了丰富的社会政治意义。③

"全面推进依法治国"，这是十八大报告关于推进"依法治国"的"空间"要求。推进"依法治国"是涉及中国各领域、各方面的一项政治任务。"全面性"表现在全面推进科学立法、严格执法、公正司法、全民守法，坚持法律面前人人平等，保证有法必依、执法必严、违法必究。全面推进依法治国，就是使得任何组织或者个人都不得有超越宪法和法律的特权，绝不允许以言代法、以权压法、徇私枉法。全面推进依法治国，就是要更加注重发挥法治在国家治理和社会管理中的重要作用，维护国家法制统一、尊严、权威，保证人民依法享有广泛权利和自由。

"加快建设社会主义法治国家"，这是十八大报告关于推进"依法治国"的"时间"要求。"依法治国"方略自从党的十五大确立，在党的统一领导下贯彻实施 15 年来，已经取得了可喜成就，但依然存有不少差距。在中国特色社会主义的建设和发展的

---

① 郭棒树："近十年来依法治国与党的领导研究述评"，载《毛泽东邓小平理论研究》2005 年第 8 期。

② 郭道晖："从人治到法治的历程"，载《炎黄春秋》2016 年第 6 期。

③ 信春鹰："中国特色社会主义法律体系及其重大意义"，载《法学研究》2014 年第 6 期。

承上启下关键时期，我们必须加快法治建设的步伐，到 2020 年实现全面建成小康社会宏伟目标时，"依法治国基本方略全面落实，法治政府基本建成，司法公信力不断提高，人权得到切实尊重和保障"①。

在十八大报告的基础上，十八届四中全会通过的《关于全面推进依法治国若干重大问题的决定》（以下简称《决定》），提出了中国特色社会主义法治体系的概念，其中包括完备的法治规范体系、严密的法治监督体系、有力的法治保障体系等。在法治体系的整个链条中，严密的法治规范体系是建设社会主义法治国家的前提和基础。《决定》第二部分围绕完善以宪法为核心的中国特色社会主义法律体系，加强宪法实施，提出了一系列目标和任务。不断完善中国特色社会主义法律体系，为国家经济建设、政治建设、文化建设、社会建设以及生态文明建设提供规则指引，引领和规范改革发展，这是在新的历史起点上促进国家治理体系和治理能力现代化的重要路径。②

在治国方略的法治化进程中，经过多年的不懈努力，我国逐渐摆脱了无法可依的状态，中国特色社会主义法律体系已经形成，③ 并日渐完备。

第二节　上位法的修改凸显了《全民所有制工业企业法》的滞后性

一、《宪法》的修改

《宪法》与经济制度具有密切的关系，自 1982 年《宪法》颁布以来的四次修改都涉及重大的、具有根本性的经济体制问题。④

（一）1982 年《宪法》确立的经济制度

自 1982 年《宪法》颁行以来，我国在政治、经济、法律、文化等方面取得了巨大成就，在法治建设方面，尤为重要的是作为国家根本法的宪法的变化。我国在生产发展的基础上，市场逐渐恢复繁荣，物价趋于基本稳定，财政收支走向平衡，

---

① 胡建淼："认真学习深刻领会党的十八大关于'依法治国'的精神"，载《国家行政学院学报》2013 年第 1 期。

② 信春鹰："中国特色社会主义法律体系及其重大意义"，载《法学研究》2014 年第 6 期。

③ 冯玉军："完善以宪法为核心的中国特色社会主义法律体系——习近平立法思想述论"，载《法学杂志》2016 年第 5 期。

④ 董和平："宪法修改的基本经验与中国宪法的发展"，载《中国法学》2012 年第 4 期。

人民生活不断改善。如果说，在经济恢复发展并取得相当成就的同时，我国开始尝试现代国家秩序的重构，那么，针对当时国民经济现状以及存在的问题与挑战，1982 年以宪法的形式确立了我国的基本经济制度，包括：①经济制度的基础是生产资料的社会主义公有制（第六条）；②国营经济是社会主义全民所有制经济，是国民经济中的主导力量（第七条）；③各种形式的合作经济，是社会主义劳动群众集体所有制经济（第八条）；④城乡劳动者个体经济，是社会主义公有制经济的补充（第十一条）；⑤国家保护社会主义的公共财产，以及公民的合法的收入、储蓄、房屋和其他合法财产的所有权，保护公民的私有财产的继承权（第十三条）；⑥国家在社会主义公有制基础上实行计划经济（第十五条）。这不仅是对 1949—1982 年我国经济建设成就及问题的经验总结，还为此后经济发展设定了制度框架与基础。从这个意义上讲，此后在经济建设与发展中，无论是取得的成就，还是出现的问题，也就与这个宪法性制度框架存在一定的联系。[①]

（二）1982 年以后的历次修改

从 1982 年以后，我国经济建设发生了巨大变化，宪法的历次修正案反映了我国经济建设的成果和经济建设的未来目标。

1988 年，我国的改革开放和经济体制改革已经 10 年。在当时的情况下，如何通过宪法推动私营经济与土地制度的发展是需要解决的重大问题。按照当时的认识，私营经济是在个体经济的基础上发展起来的，在整个国民经济的发展中对公有经济起着重要的补充作用。如果限制其发展或者取缔它，不但私营经济本身会逐渐萎缩，个体经济的发展也会受到影响，国民经济和体制改革的发展必然减缓，所以必须通过修改宪法，给私营经济以恰当的生存空间。土地使用权转让的开放同样重要，如果不允许土地使用权转让，那么所谓生产与经营的异地业务进行、中外合资与外国独资企业的开办及本地生产与经营的活跃都不可能正常顺利进行，经济体制改革不但不能进一步发展，甚至会出现停滞和倒退。因此，1988 年通过的宪法修正案在《宪法》第十一条增加规定："国家允许私营经济在法律规定的范围内存在和发展。私营经济是社会主义公有制经济的补充。国家保护私营经济的合法权利和利益，对私营经济实行引导、监督和管理。"同时，将《宪法》第十条第四款修改为："任何组织或者个人不得侵占、买卖或者以其他形式非法转让土地。土地的使用权可以依

---

① 明辉："现代转型背景下的经济与宪法秩序"，载《中国农业大学学报》（社会科学版）2013 年第 3 期。

照法律的规定转让。"这些修改丰富了经济主体和经营方式的类型，极大促进了国家经济的进步与繁荣。1988年宪法修正案公布以后，我国的经济改革迅速深化，经济发展中制约经济规律发挥作用的计划成分进一步弱化，而市场调节则从辅助地位逐步占据主导地位。

1993年修改宪法是我国宪法制度建设适应建立社会主义市场经济和健全社会主义民主政治的客观需要而采取的一项重大举措。修正案的主要内容5条，其中4条是涉及经济方面的。[①] 这次修宪的一个重要变化是将"国家在社会主义公有制基础上实行计划经济"修改为"国家实行社会主义市场经济"，从而确立了市场经济的合法地位，从立法上为社会主义市场经济的建立与发展提供了有效的法律保障。市场经济是与计划经济相对应的经济运行机制，其基本特征在于市场在社会经济运行中占据统治地位，自然资源的配置和生产流通主要由市场机制进行调节。以往的僵化理论将市场经济与资本主义联系在一起，似乎市场经济与社会主义公有制不能共存。党的十四大总结改革开放14年来的实践经验，提出了建立社会主义市场经济的任务，作为根本法的宪法应该对此予以确认和保障推行。此外，这次宪法修改在经济体制方面还有一些重要发展：①重新确定了国家在整个经济运行中的地位和作用，即从过去的计划控制转变为通过经济立法综合调控和提供法律保障。②将"国营经济"修改"国有经济"，将"国营企业"修改为"国有企业"，赋予企业完全的经营自主权，删去了公有制企业接受计划控制和指导的条款，从而为公有制经济组织完全进入市场经济体系、独立自主地进行经营创造了条件。

1999年宪法修改进一步发展了社会主义基本经济制度的内涵，将原来的以生产资料的社会主义公有制为基础，修改为"坚持公有制为主体，多种所有制经济共同发展的基本经济制度"，并将"按劳分配"修改为"坚持按劳分配为主体，多种分配方式并存的分配制度"。宪法还发展了个体经济的内涵，赋予私营经济以宪法地位："私营经济是社会主义公有制经济的补充。"并且将个体经济、私营经济等非公有制经济提升为社会主义市场经济的重要组成部分的地位，充分体现了我国对市场经济发展的深入认识和经济主体多样化的时代需要，也是符合当时我国非公有制经济在整个国家经济发展中的实际情况的。[②] 据统计，当时的全国的私营企业已从1990

---

① 李正华："我国历次修改修正宪法有关经济制度内容的表现与特点"，载《北京联合大学学报》（人文社会科学版）2007年第3期。

② 许崇德："迈向新世纪的根本大法——论九届全国人大对宪法的修改"，载《现代法学》1999年第2期。

年的 9.8 万户发展到了 1997 年的 96.1 万户，个体工商户已从 1990 年的 1 328.3 万户增长到了 1997 年的 2 850.9 万户。1997 年非公有制经济所占工业总产值，私营企业为 3.2%，个体经济为 15.9%。从 1997 年从业人员来看，私营企业和个体工商户合计 6 791.2 万人，占全社会从业人员的 9.76%。再从财税的贡献来看，对非公有制经济的工商税占全国工商税收的比重，1995 年为 7.92%，1996 年为 8.46%[①]，表 5 能够更加直观地展现当时的私营经济的增加速度：

表 5

年份	私营企业		个体工商户	
	总户数（万户）	增长率（%）	总户数（万户）	增长率（%）
1990	9.8	8.3	1 328.3	6.5
1991	10.8	9.9	1 416.8	6.7
1992	14	29.5	1 534.0	8.3
1993	23.8	70.4	1 766.9	15.2
1994	43.2	81.6	2 186.6	23.8
1995	65.5	51.4	2 528.5	15.6
1996	81.9	25.2	2 703.7	6.9
1997	96.1	17.3	2 850.9	5.4

数据来源：《中国经济年鉴 1991—1997》。

2004 年对经济制度内容的部分修改，体现了保护私权的精神。在我国，传统理论认为个人利益、社会利益与国家利益应该是内在统一的，在实践上则体现出公法优于私法、公权优于私权的倾向，不重视保护公民个人和社会主体的合法权利和利益。2004 年修改宪法是根据市场经济建设和公民权利保护的实际需要，对宪法经济制度的内容做了较大幅度的修改和调整，与前三次宪法修正案相比力度最大。第一，完善了土地征用制度，将"国家为了公共利益的需要，可以依照法律规定对土地实行征用"修改为"国家为了公共利益的需要，可以依照法律规定对土地实行征收或者征用并给予补偿"。增加了"补偿"，体现了国家对私权的尊重。第二，进一步明确了国家对发展非公有制经济的方针。国家在社会主义初级阶段，坚持和完善公有制为主体、多种所有制经济共同发展的基本经济制度。作为社会主义市场经济重要组成部分的个体、私营等非公有制经济在促进经济增长、扩大就业、活跃市场等方

---

① 国务院发展研究中心《促进多种经济成份协调发展》课题组：《私营个体经济的发展状况及在国民经济中的地位》，http://d.drcnet.com.cn/eDRCNet.Common.Web/docview.aspx?DocID=2219&leafid=4076&chnid=1002，2016 年 8 月 11 日访问。

面的重要作用日益显现。根据党的十六大关于"必须毫不动摇地鼓励、支持和引导非公有制经济发展","依法加强监督和管理,促进非公有制经济健康发展"的精神,宪法修正案将"国家保护个体经济、私营经济的合法的权利和利益。国家对个体经济、私营经济实行引导、监督和管理"。修改为"国家保护个体经济、私营经济等非公有制经济的合法的权利和利益。国家鼓励、支持和引导非公有制经济的发展,并对非公有制经济依法实行监督和管理"。这一修改一方面扩大了非公有制经济保护的范围,将其扩展到了个体经济和私营经济之外。另一方面则是提高了非公有制经济的法律地位,将国家政策调整为"鼓励"和"支持",使其取得了与公有制经济形式同等的发展地位,这是符合我国社会主义初级阶段生产力发展水平的实际情况及其客观要求的。第三,加大了对私有财产保护的力度。[①] 根据党的十六大关于"完善保护私人财产的法律制度"的精神,《宪法》将"公民的合法的私有财产不受侵犯","国家依照法律规定保护公民的私有财产权和继承权","国家为了公共利益的需要,可以依照法律规定对公民的私有财产实行征收或者征用并给予补偿"确立下来,并增加规定对私有财产的征收、征用制度,有利于正确处理私有财产保护和公共利益需要的关系,即使是因为公共利益需要对私有财产进行征收征用也要依法行为并给予补偿,这就为私有财产提供了更为权威的立法保护。

二、《全民所有制工业企业法》的滞后性

立法应当遵循宪法原则,是当今各国立法最基本的准则。宪法主要是近代以来所发展起来的一种法律,而近代以来各国国家制度和社会制度尽管存在差异,却都是近代以来的主流文明的制度表现,因而它们有文明的相通性。这种文明的相通性体现到宪法中,就是各国宪法尽管呈现种种特色,却同时也具有共通语言,这就是一般都坚持这样几项共通性原则:人民主权原则、权力制约原则、基本人权原则、法治原则。立法应当遵循《宪法》基本原则,就是要以这些共通性原则为指导,体现这些原则。中国立法无疑也要遵循这些原则。[②]

1988 年宪法修正案于 1998 年 4 月 12 日通过,《全民所有制工业企业法》在 1988 年 4 月 13 日通过。不言而喻,《全民所有制工业企业法》的立法依据是 1982 年《宪法》。

---

① 董和平:"宪法修改的基本经验与中国宪法的发展",载《中国法学》2012 年第 4 期。
② 周旺生:《法理学》,北京大学出版社 2006 年版,第 197 页。

　　在 1982 年《宪法》的构架下，《全民所有制工业企业法》得以构建，但是从 1982 年到 1993 年，我国经济建设发生了巨大变化，1993 年的宪法修正案反映了这一深刻变化。修正案主要内容 5 条，其中 4 条是经济方面的：在《宪法》序言中正式写上了"我国正处于社会主义初级阶段"、"建设有中国特色社会主义的理论和坚持改革开放"等内容。将《宪法》中的"国营经济"、"国营企业"全部改为"国有经济"、"国有企业"。将宪法中关于"国家实行计划经济"的规定修改为"国家实行社会主义市场经济，国家加强经济立法，完善宏观调控"。这次宪法修正将改革开放以来对重大经济制度和经济体制的改革以法律形式加以确定，其深远意义不言而喻：明确规定了国家在社会主义初级阶段的基本经济制度和与之相适应的分配制度；将农村集体经济组织的经营体制进一步具体化、科学化；将非公有制经济作为社会主义市场经济的重要组成部分，进一步提高了非公有制经济的地位。[①]

　　宪法与法律的根本区别在于宪法高于法律，法律不得违宪。《宪法》第五条第三款明确规定："一切法律、行政法规和地方性法规都不得同宪法相抵触。所以，其他的规范性法律文件都应作相应的修改，1998 年全国人大常委会在修订《中华人民共和国森林法》时将该法其他各条款中的"全民所有"改为"国家所有"、"国营"改为"国有"，《中华人民共和国归侨侨眷权益保护法》原第十六条第二款中有关"国营企业"的相关内容也是到 2001 年 10 月全国人大常委会修订该法时做修改，《全国人民代表大会常务委员会关于严惩严重破坏经济的犯罪的决定》中有关国营企业的内容到 1997 年修订《中华人民共和国刑法》时，该决议被废止时为止。[②]《全民所有制工业企业法》从诞生到现在没有任何修订。

　　1993 年修正后的《宪法》第十五条规定：国家实行社会主义市场经济。国家加强经济立法，完善宏观调控。在市场经济成为国家的宪法性目标之后，八届全国人大常委会在工作要点提出，要把立法特别是经济立法放在今后工作的第一位，在八届全国人民代表大会任期内，大体形成社会主义市场经济法律体系的框架。为此，全国人大常委会于 1993 年底制定了一个宏大的立法规划。在这个规划中列举了需要制定的有关市场经济法律体系的立法 152 件，其中在八届全国人大任期内完成的就多达 115 件。这个雄心勃勃的立法规划本身就意味着一场立法革命，而且是前所未有的立法革命。此后的十多年中，有关市场主体的法律，如《公司法》、《合伙企

---

　　① 李正华："我国历次修改修正宪法有关经济制度内容的表现与特点"，载《北京联合大学学报》（人文社会科学版）2007 年第 3 期。

　　② 郭延军："改善宪法与法律衔接状况初论"，载《法学评论》2008 年第 1 期。

业法》、《中华人民共和国商业银行法》（后简称《商业银行法》）、《中华人民共和国知识产权法》、《中华人民共和国物权法》（后简称《物权法》）等先后建立。有限公司、股份公司、有限合伙、普通合伙等现代企业组织形态在我国完整出现，同时这些市场主体应该享有股权、物权、债权、知识产权等权利也逐渐完善。另外，为了调整市场主体关系和维护市场秩序，《中华人民共和国合同法》（后简称《合同法》）、《中华人民共和国证券法》（后简称《证券法》）、《中华人民共和国票据法》、《中华人民共和国保险法》、《中华人民共和国海商法》、《中华人民共和国反不正当竞争法》（后简称《反不正当竞争法》）、《中华人民共和国反垄断法》、《反倾销法》、《中华人民共和国招投标法》等行为法也先后出台。

从这些法律制定的本质来看，我们很容易发现一条主线：一个社会主义公有制基础上实行计划经济的国家在向市场经济迈进中，不断地在原有国有资产、国有企业和政府控制资源的诸多公共物品上建立了私人所有权或创设了独立的他物权。如国有、集体土地的个人使用权，国有企业的股份制改革，城市基础设施的私人专营权等。

应该说，在这些主体和权利的创设过程中，中国的市场经济在向着主体平等、人格独立、自由竞争，同时政府权力有限和依法行政方向发展，初步形成了清晰的自主性利益主体、新型的契约关系和广泛的讨价还价机制。

但是有关《全民所有制工业企业法》这一主体的立法与《宪法》的衔接问题似乎尚未引起立法机关的必要关注。

1954 年《宪法》颁布的时候，第一届全国人民代表大会第一次会议同时通过了《关于中华人民共和国现行法律、法令继续有效的决议》，用以处理 1954 年《宪法》与旧法的关系问题。尽管这个决议内容简单，但毕竟是由最高国家权力机关制定的法律文件在第一时间来处理宪法与当时存在的其他法律文件的关系问题，从通过该决议的时间和通过该决议的主体来看，当时还是比较重视理顺宪法与旧法的关系的。然而，到 1982 年《宪法》颁布实施的时候，连这样的决议也没有了。这不能不让人感觉到最高国家权力机关似乎忽视了宪法与法律的衔接问题。

从我国宪法文本本身看，我国宪法文本中没有为自己设置处理自身与法律衔接问题的相应机制，没有对全国人大及其常委会在法定期限内清理旧法、制定新法做出明确规定，这些也是造成《全民所有制工业企业法》与宪法衔接出现缝隙，而《全民所有制工业企业法》继续有效的重要原因。

我国宪法中显然缺少处置宪法或宪法修正案与法律衔接事宜的规定。只是在序言部分确认了宪法"是国家的根本法，具有最高的法律效力"，在第五条规定了"一切法律、行政法规和地方性法规都不得同宪法相抵触"，但宪法与法律的衔接问题，现行宪法并没有做出任何具体安排。而没有这种明确的规定，有关国家机关和部门就不会有及时处理宪法与法律衔接问题的紧迫感。我国宪法与法律衔接的现实状况已经说明了这一点。[1]

我国宪法与法律衔接不好的状况需要尽快改善，这是确立宪法权威和切实实施宪法的需要。1982年宪法在颁布实施的时候，宪法与法律不能很好地衔接有客观原因，譬如社会主义法律体系尚未建立、国家正处于社会的转型时期等等。但现在情况已经不同了，其主要标志是社会主义市场经济体制已经基本形成，相应的法律体系也已初具轮廓。可以说，现在着手全面系统地改善宪法与法律的衔接状况的条件应该已经成熟了。解决宪法与法律衔接不好的问题到了应当引起有关国家机关重视的时候了。党的十八届四中全会提出加强备案审查制度和能力建设，把所有规范性文件纳入备案审查范围，依法撤销和纠正违宪违法的规范性文件，禁止地方制发带有立法性质的文件。这就是违宪审查[2]，违宪审查是一项重要的保障立法科学性的制度。

宪法是万法之法，也是其他所有法律和法规的立法基础。背离宪法原则，立法必然紊乱。因此，各国立法非常强调正确处理立法同宪法的关系，强调立法应当以宪法为根据或不得同宪法相抵触。中国立法自当也如此。[3]

我国的立法以宪法为依据，过去如此，将来仍将如此。在中国特色社会主义法律体系形成之后，还要继续使这个法律体系日臻完善，有些新的法律需要制定，有的现行法律必须适应客观实际的变化而修正。不论是制定新法，还是修改已有法律，都要坚持以宪法为立法依据。

总之，中国特色社会主义法律体系的形成和未来的发展，都离不开宪法发挥 其统帅作用。[4]

所以，有学者提出：对法律进行清理，从现行法律中彻底清除早已过时的内容或提法，如"人民委员会"、"国营企业"等，并对相关内容重新做出符合现行宪

---

① 郭延军："改善宪法与法律衔接状况初论"，载《法学评论》2008年第1期。

② 江平、陈宾："实施宪法需要注意的几个问题"，载《人民法治》2015年第C1期。

③ 周旺生：《法理学》，北京大学出版社2006年版，第197页。

④ 许崇德："充分认识宪法在中国特色社会主义法律体系中的统帅作用"，载《求是杂志》2011年第7期。

法的规定。[①]《全民所有制工业企业法》中许多内容和提法都与现行宪法的规定距离甚远，例如"全民所有"的提法、宪法已经删去了公有制企业接受计划控制和指导的条款，从而为公有制经济组织完全进入市场经济体系、独立自主地进行经营创造了条件，但是《全民所有制工业企业法》仍然遵守"企业根据政府主管部门的决定，可以采取承包、租赁等经营责任制形式"，"企业的根本任务是：根据国家计划和市场需求，发展商品生产，创造财富，增加积累，满足社会日益增长的物质和文化生活需要"。宪法反映和巩固我国经济体制改革的成果，保障经济体制改革的顺利进行，《全民所有制工业企业法》相较宪法的规定，其与现行宪法不一致的内容充分暴露了其滞后性。

第三节　政府职能的转变实现了《全民所有制工业企业法》的使命

一、政府职能

政府职能是国家行政部门依法对国家和社会公共事务进行管理时应承担的职责和所具有的功能。在现代社会，界定政府职能的关键在于厘清政府与企业、政府与市场以及政府与社会的关系。

作为上层建筑的组成部分，政府职能并非一成不变，它总要随着社会经济、政治、文化的发展而发展，随着国家形势与任务的变化而变化，随着政治体制和经济体制改革的进程而不断做出调整，以保持与外部环境条件相适应，满足社会公众的需要。[②]

世界银行发展报告指出："如果没有有效的政府，经济的、社会的可持续的发展是不可能的。"[③]

过去的三十多年，伴随着改革开放从单项局部向系统整体方向的不断推进，我国社会结构从封闭走向开放，计划经济向市场经济转轨，农业社会向工业化社会转化，形成了强调建构民主的政治体系，发展社会生产力的社会主导价值，这些变化标志着我国在整体上已经开始了历史转型的过程。在这个转型过程中，面对世界各国的改革大潮，面对内外界的压力和挑战，我国政府的职能以及承担该职能的行政权力

---

① 郭延军："改善宪法与法律衔接状况初论"，载《法学评论》2008 年第 1 期。

② 宋德福：《中国政府管理与改革》，中国法制出版社 2001 年版，第 32—33 页。

③ 世界银行：《1997 年发展报告——变革中的政府》，中国财政经济出版社 1997 年版。

和行政活动也经历了全方位的、巨大的挑战。① 改革开放以来，中国政府职能历经多次调整，取得了较大进展。

二、从全能政府到有限政府

改革开放以前，政府对社会生活的各个方面进行全面细致的管理。这种管理方式不仅影响了政府职能的调整与转换，也给政府自身发展带来了不少问题。政府履行着全能型政府的角色，个人则完全融入到一个个的单位之中，成为一个个"单位人"。此时，对于绝大多数生活在国营和集体所有制的社会组织中的中国公民来说，单位对于他们的价值观念和行为规范起着举足轻重的作用，他们的行为在事实上通过组织功能多元化的特殊方式逐一整合到了一个个具体的社会组织即"单位"之中，从而由这种单位代表他们的利益，满足他们的基本要求，给予他们社会行为的权利、身份和地位。这样一来，"任何一个中国人必须依靠单位赋予的身份才能获得行动的合法性基础"，社会也由此成为了一个"单位社会"，国家也由此成为一个"单位中国"，政府也就由此成为一个全能型的政府。②

而根据世界银行《1997年世界发展报告》对政府职能定位的描述，"政府应当是以市场、社会为前提的功能补位行政或是助动式行政，政府是对市场及社会功能缺陷的替补，是市场调节和社会自治的剩余物"。

我国政府主要实施以下措施，实现从全能政府到有限政府的转变。

（一）政企分开

在20世纪80年代，针对全能主义政府体制高度集权和计划管理的弊病，学术界和中国政府提出了转变政府职能的政策目标。1984年的《中共中央关于经济体制改革的决议》提出政府要实行政企职责分开，正确发挥政府管理经济的职能。③

1992年党的十四大提出建立市场经济体制，1993年党的十四届三中全会通过的了《中共中央关于建立社会主义市场经济体制若干问题的决定》。提出政府管理经济的职能，主要是通过宏观调控政策，创造良好的经济发展环境。同时政府培育市场体系，监督市场运行和维护平等竞争，调节社会分配和组织社会保障，管理国有资产和监督国有资产运营，实现国家的经济社会发展目标。1997年党的十五大重申

---

① 杨建顺："论政府职能转变的目标及其制度支撑"，载《中国法学》2006年第6期。

② 蒋健："改革开放以来我国政府职能转变的逻辑进路"，载《攀登》2008年第5期。

③ 《十一届三中全会以来党的历次全国代表大会中央全会重要文件选编》（上），中央文献出版社1997年版。

按照社会主义市场经济的要求，转变政府职能，实现政企分开，把企业生产经营的权力切实交给企业。2002年，党的十六大将政府的职能明确为"经济调节、市场监管、社会管理和公共服务"。

为实现政企分开，我国政府做了卓有成效的工作。一方面，政府积极培育市场；另一方面，政府剥离部分职能，同时，减少行政审批。以下从这三个主要方面分别论述。

1. 培育市场

我国处于经济转型时期，市场经济有效制度的供给相对不足，表现在市场发挥作用的范围和领域还很有限，市场制度不够完善，因此，要市场机制发挥正常功能，还需要进一步界定和保护产权，规范市场经济规则，培育市场经济秩序，保证宏观经济稳定，创造良好的社会环境和国际环境。政府面临转型期市场力量薄弱而不能充分有效实现资源配置的问题，于2001年开始政府大力整治市场经济秩序，打击各种扰乱市场秩序的行为。同时，借加入WTO组织的东风，进行了大规模的部门法规和地方法规和规章的清理。修改、废除与WTO协议不符的法律、法规，并将许多职能交由市场完成。到2001年9月，各部委共清理法律法规2 200多项并公布了新的部门规章，以维护市场秩序。

2. 剥离部分职能

20世纪90年代，我国政府各部委解除了与所办经济实体和直属企业的行政隶属关系；严令禁止军队、武警部队和政法机关经商办企业，开始对电信、电力、铁路、民航等国有垄断行业进行改革。[①]

就我国的情况而言，类似邮电、电信、供水、供电、石油、民航等部门均具有很强的规模经济的作用，垄断经营更有利于经济资源的合理利用。不过，由于这些产品可以计量出售，又不致有供不应求的局面，如果引入竞争能够提高效率，使投入少产出多；通过竞争可以打破垄断，能够使公营垄断组织对顾客的需要作出反应，从而实现消费者主权与公众主权；通过竞争可以提高效率，赋予企业逐利的动机和动力。[②] 与此同时，政府只对其产品品质、价格和市场供给情况严加管理。我国政府对于带有自然垄断性质的国有企业，如电信、电力、民航、石油、城市公用事业等领域，政府采取"渐进改革"的策略，逐步引入了市场竞争性。

---

① 黄庆杰："20世纪90年代以来政府职能转变述评"，载《北京行政学院学报》2003年第1期。

② 章文光："社会主义市场经济视野下的政府职能"，载《学术界》2006年第1期。

3. 减少行政审批

回顾改革开放历程，我国已进行了六轮行政审批制度改革，取消和调整了原有审批项目总数的近 70%。[①] 行政审批制度改革是调整政府与企业、市场和社会关系，转变政府职能的重要举措。行政审批制度形成于计划经济时代，原有的行政审批不仅项目过多过滥、程序不透明，而且对需审批的企业实行"差别待遇"，行政审批收费极其泛滥，导致寻租和腐败的加剧。在这个阶段，中国政府着手大力改革行政审批制。如 1999 年 7 月广东省政府于制定《广东省政府审批制度改革工作方案》，对省直机关 68 个部门和单位的审批事项逐一进行重新论证。通过清理，省政府各部门原有审批、核准事项 1 972 项减为 1 205 项，减幅 39%，其中审批事项由 1 392 项减为 514 项，减幅 63%。这一改革有利于政府从繁忙的审批事务中解脱出来，使政府管理方式真正由微观管理、直接管理、各部门的分割管理转变到宏观管理、间接管理、大行业管理上来。[②] 2001 年国务院召开行政审批制度改革会议，其后，各省、自治区、直辖市都相继推行了此项改革。到 2002 年 11 月，国务院及其职能部门取消了 789 项行政审批项目，涉及 56 个部门和单位。其中，涉及经济管理事务的 560 项，涉及社会管理事务的 167 项，涉及行政管理事务及其他方面事务的 62 项。

到 2013 年国务院总理李克强 5 月 6 日主持召开国务院常务会议，研究部署 2013 年深化经济体制改革重点工作，会议决定，在第一批取消和下放 71 项行政审批项目等事项基础上，再取消和下放 62 项行政审批事项，并依法依规及时公布。

以上改革措施，坚持以市场取向定位政府，利用市场力量改造政府，优化政府职能，塑造"有限且有为"的新型政府，从而强力推进市场经济的发展。

(二) 政府机构改革

我国政府自身改革也取得了一定成就，1993 年、1998 年和 2008 年，我国政府分别进行了三次比较重要的机构改革。

1993 年的政府机构改革提出转变职能的根本途径是政企分开，把属于企业的权力放给企业，减少具体审批事务和对企业的直接管理。宏观调控部门加强宏观调控，做好国民经济发展战略、发展规划和经济总量的平衡，制定产业政策培育发展市场。专门经济部门发挥规划、协调、服务和监督职能。经过精简，国务院组成部门设置 41 个（含国务院办公厅），直属机构和办事机构 18，共设置 59 个。国务院非常设

---

① 《宏观经济管理》编辑部："深化改革：从政府职能转变做起"，载《宏观经济管理》2013 年第 6 期。

② 侯保疆："我国政府职能转变的历史考察与反思"，载《政治学研究》2003 年第 1 期。

机构也进行了大幅度裁减，由 85 个减少到 26 个。

1998 年机构改革同样强调转变政府职能，实行政企分开。这次机构改革裁减力度最大，将国务院组成部门由 40 个直接精简为 29 个，较大幅度调整和精简机构和人员编制。仍将政府职能列为核心议题，相继强调调整优化政府经济管理职能、社会管理职能、公共服务职能。重点是加强综合经济部门和执法监督部门，把国务院综合经济部门改组成宏观调控部门，国家发展计划委员会、国家经贸委、财政部、中国人民银行共同承担宏观调控职能，撤销大量专业经济部门，使其成为国家经贸委管理的国家局，如国家国内贸易局、国家煤炭工业局、国家机械工业局等，它们不再直接管理企业。发展社会中介组织，把大量社会事务交给社会中介组织来承担。机构改革后，国务院组成部门内设机构精简了 1/4，移交给企业、社会中介机构和地方的职能 200 多项，人员编制减少了一半。

2008 年的国务院机构改革，是根据十七大和十七届二中全会的部署，遵照 2008 年 3 月全国人民代表大会通过了《国务院机构改革方案》，从促进经济社会又好又快发展出发，统筹兼顾，在一些关键领域迈出了重要步伐。改革突出了三个重点：一是加强和改善宏观调控，促进科学发展；二是着眼于保障和改善民生，加强社会管理和公共服务；三是积极探索职能有机统一的大部门体制。这次改革的目的是要理顺各项机制，着力推动政府职能的转变。按照政企分开、政资分开、政事分开、政府与市场中介组织分开的要求，取消、下放、转移了国务院各部门的 60 多项职能。[①]可以说，这次改革围绕转变政府职能这个核心，取消、下放或转移了一些不该管的事项，同时加强了社会管理和公共服务职责。[②]

经过这次中央政府机构改革，政府部门得到进一步精简。除国务院办公厅外，国务院组成部门 27 个，直属特设机构 1 个，直属机构 16 个，办事机构 4 个，直属事业单位 14 个。

党的十八届二中全会和十二届全国人大一次会议审议通过的《国务院机构改革和职能转变方案》，拉开了新一轮政府机构改革的序幕。此次行政体制改革明确提出"凡是企业能够自主决定、自担风险、自行调节、自律管理的事项，坚决取消行政审批，充分调动市场主体的积极性和主动性；凡是社会组织能够承担的事项，坚决转移给社会组织，充分发挥其在社会公共事务管理中的作用；凡是下级政府能够

① 姜成红："我国政府职能六十年的变迁与展望"，载《北京行政学院学报》2009 年第 4 期。
② 李军鹏："政府机构改革前瞻"，载《南风窗》2003 年第 2 期。

管理的事务和提供的服务，坚决下放给下级政府，充分发挥地方和基层政府在公共事务管理和服务中的作用，最大限度地方便企事业单位、社会组织和人民群众"①。

十八届三中全会以来，政府改革思路侧重放权，强调实施供给侧改革，将放权作为新时期改革焦点。放权与前期机构改革的简政不同，简政侧重组织形式调整，是数量的改变，放权则是指向作为政府核心特征和关键资源的权力范畴。放权的一个重要维度，即政府向行政系统外部的市场、社会、公民下放权力。中国政府改革焦点由简政到放权的转换以及放权维度的扩展，有着深远的积极意义。放权改革表明政府清楚地意识到大众创业、万众创新市场冲动对改善行政生态、创新体制机制的迫切要求。政府意图在前几次政府机构改革简政的基础之上，通过行政系统内外部权力的下放，调整其与市场、社会、公民的关系，改变政府管理和公共服务的基本方式，顺应经济发展新常态。毋庸置疑的是中国社会主义市场经济取得巨大成就，引发世界性关注，但是政府建构市场经济的发展路径，使得中国经济运行中出现许多人为制度壁垒和机制障碍，政府对市场不当干预引起的寻租活动和腐败行为，额外增加了企业运行成本，一定程度上抑制着市场创新活力，这些问题背后显示着政府权力相对市场的强势地位，因此市场经济中的政府权力需要进行调整；供给侧改革包括制度供给、政策供给、资源供给、环境供给四个向度，以全方位、系统化、渐进式改革为原则，为需求方提供激励机制、保障体系、精神环境，为需求方松绑，营造宽松自由空间，以供给侧和需求方联动并进的方式，最终解放和发展生产力。②

从简政到放权再到供给侧改革，反映着我国政府改革不断探索的过程，也反映着当前全面深化改革所面对的深刻时代变迁和未来趋势。

三、从集权政府到法治政府

市场经济的本质是法治经济，实现法制化是市场经济条件下政府职能的一个重要内容和发展方向。如果说，市场经济体制和计划经济体制下的政府职能有区别的话，最大的区别便是法制化。"市场经济是法制经济"，最形象地概括了市场经济的主要特征。计划经济体制下政府职能的最主要特征是行政化，即用行政手段来行使政府职能；而在市场经济条件下，政府行使职能必须依法进行。在法治国家，无法律依据的政府行为是违法行为，不具有法律效力。处于由计划经济体制向市场经

① 宋世明："行政体制改革的'表'与'里'"，载《法制日报》2013年3月1日。
② 娄成武、董鹏："中国政府改革的逻辑理路——从简政放权到供给侧改革"，载《贵州社会科学》2016年第7期。

济体制过渡阶段，我国政府必须完成政府职能由行政化向法制化的过渡。[①] 而转变政府职能本身就是建设法治政府的要求，从行为到程序、从内容到形式、从决策到执行，都必须符合法律规定，要使行政权力在法律和制度的框架内运行。[②]

从 1993 年开始，我国的市场经济法律体系的框架逐步形成，包括宪法、法律、行政法规、地方性法规和部委规章等一整套规范体系。首先，制定规范市场主体，明确其权利和义务的法律，如《公司法》。其次，制定了调整市场主体关系，维护公平竞争的法律，如《合同法》、《反不正当竞争法》、《证券法》、《房地产法》、《中华人民共和国消费者权益保护法》等。再次，实施了加强宏观调控，促进经济协调的法律，如《中华人民共和国预算法》、《中华人民共和国人民银行法》、《中华人民共和国商业银行法》等法律。政府在规范、监督市场主体、市场组织形式和市场交易形式等方面，逐步走上法制化轨道。

2003 年 8 月，十届全国人大常委会第四次会议表决通过了《中华人民共和国行政许可法》（以下简称《行政许可法》），该法于 2004 年 7 月 1 日起施行。2004 年 3 月，国务院颁发《全面推进依法行政实施纲要》（以下简称《实施纲要》）。《行政许可法》和《实施纲要》的颁布与施行，对政府依法行政提出了新的更高的要求，对政府工作产生了并将继续产生深远的影响，对全面建设小康社会、依法治国乃至建设和谐社会的进程，必将产生巨大的推动作用，亦为转变政府职能确立了崇高的目标。《行政许可法》为建立"行为规范、运转协调、公正透明、廉洁高效"的行政管理体制，为建立有限政府、有为政府、诚信政府和法治政府，提供了有力的法律保障。[③]《行政许可法》不仅规定了政府规制的一般原则，而且还为政府规制的具体展开设置了相应的行为准则。该法的制定施行，标志着我国政府职能转变的制度保障迈出了极为重要的一步。

到 2010 年底，一个立足中国国情和实际、适应改革开放和社会主义现代化建设需要、集中体现中国共产党和中国人民意志，以宪法为统帅，以宪法相关法、民法商法等多个法律部门的法律为主干，由法律、行政法规、地方性法规等多个层次法律规范构成的中国特色社会主义法律体系已经形成，国家经济建设、政治建设、文

---

①　刘作翔："市场经济条件下政府职能的几个问题—兼议政府职能的法制化"，载《政法论坛》1994 年第 1 期。

②　《宏观经济管理》编辑部："深化改革：从政府职能转变做起"，载《宏观经济管理》2013 年 06 期。

③　杨建顺："论政府职能转变的目标及其制度支撑"，载《中国法学》2006 年第 6 期。

化建设、社会建设以及生态文明建设的各个方面实现有法可依。[①]

四、小　结

虽然经过 30 多年的市场经济体制改革，中国政府职能转变取得很大成绩，但是，存在的问题同样仍然不少，在政府与企业、政府与市场等方面凸显出比较明显的不足。

从政府与企业关系看，政府对国有企业的直接干预仍然很多，理想的国有资产管理体制还值得探索。虽然国有小企业改制取得了进展，但国有大企业改制困难重重。在国有企业进行股份制改造、发行股票以及兼并收购中，政府强行干预企业活动的频频发生。例如 2009 年 9 月，新华都董事长陈发树斥资 22 亿，收购红塔集团所持的白药 12.32% 股权。这一收购案因政府主管部门能获批而诉至法院。在企业设立、领导人选的确定和任免、投资、外贸等领域的行政审批严重干预国有企业的经营活动。

从政府与市场方面的关系看，市场秩序紊乱，规范、监督市场秩序的相关制度仍然不够完善。导致我国市场秩序比较混乱，假冒伪劣商品泛滥、偷税、漏税、逃税、骗汇和走私活动猖獗，社会信用受到严重破坏。政府引导、监督、管理市场秩序的职能还没有得到充分发挥。

在我国经济体制转型过程中，由于政治体制和政府改革滞后性，政府职能转变不可能在短时间内完成。[②]

根据十八大关于"五位一体"的总体部署，行政体制改革是从经济体制、政治体制、文化体制、社会体制以及其他体制改革的结合点出发的，涉及行政权力关系的调整和政府组织结构的变动，涉及中央与地方、政府与社会、政府与企业、整体利益和局部利益等一系列重大关系，需要进行整体布局和统筹。[③]依法治国是当今世界现代化的治国理政方式，党的十八届四中全会通过的《决定》是我们党领导人民在关键历史阶段作出的重大历史抉择。《决定》立足我国法治建设实际，直面我国法治建设中的重大问题和人民群众普遍关注的问题，提出了关于法治建设的 180 多项新制度和新举措，这些新制度和新举措将给中国的国家和社会治理带来深刻变化。

[①]　中华人民共和国国务院新闻办公室：《中国特色社会主义法律体系》白皮书，2011 年 10 月 27 日发布于中华人民共和国政府网，http://www.gov.cn/jrzg/2011-10/27/content_1979498.htm，2013 年 9 月 17 日访问。

[②]　李安明："论加速政府职能转变——某市政府职能状况调查的实证研究"，载《武汉大学学报》（哲学社会科学版）2005 年第 2 期。

[③]　黄伯平：政府职能的重大转变："从宏观调控再到宏观管理"，载《北京行政学院学报》2013 年第 3 期。

　　面对影响政府职能转变的众多新兴因素，面对党的十八大四中全会提出的法治国家目标，十八大提出要按照建立中国特色行政体制目标，建设职能科学、结构优化、廉洁高效、人民满意的服务型政府。《决定》要求建立或推行一系列重要的制度，包括推进机构、职能、权限、程序、责任法定化；推行政府权力清单制度；建立行政机关内部重大决策合法性审查机制；建立重大决策终身责任追究制度及责任倒查机制。这些制度可以明确权利和权力的边界，加强行政决策的合法性和慎重性，这些从集权到法治、从管理到服务的改进，《全民所有制工业企业法》没有任何回应，也难以作为，在巨大的变革面前，这部法律的落后性暴露无遗。

第四节　同位法的完善取代了《全民所有制工业企业法》的功能

一、公司法制的建立和健全

　　从 1978 年到 20 世纪 90 年代初，国有企业改革已经走过了十几年的历程，经历了初始的放权让利、利改税、承包制、转换经营机制等若干阶段。但是，在《全民所有制工业企业法》立法框架下，始终不能解决国有企业活力不足、企业与国家的关系不顺等问题，这些问题促使了经济学界、法学界和政界思考国有企业改革的系统性、长远性和战略性问题。

　　1993 年 11 月，党的十四届三中全会召开，会议通过了《中共中央关于建立社会主义市场经济体制若干问题的决定》，指出国有企业改革的方向是建立产权明晰、权责明确、政企分开、管理科学的现代企业制度。十四届三中全会之后，当时主管国有企业改革的机构——国家经济贸易委员会，在《人民日报》公开发表了题为"建立与社会主义市场经济体制相适应的现代企业制度"的长篇文章，对现代企业制度做了权威而系统的阐述。[①] 该文认为，随着我国经济体制改革的深入发展，国有企业活力不足的深层次原因进一步显露出来，主要是企业产权关系不明晰、组织制度不合理和管理制度不科学。因此，国有企业改革的进一步深化，必须解决深层次矛盾，由放权让利为主要内容的政策调整转为企业制度的创新，探索一条公有制与市场经济相结合的有效途径。我国所要建立的现代企业制度。是以规范和完善的企业法人

---

　　① 国家经济贸易委员会："建立与社会主义市场经济体制相适应的现代企业制度"，载《人民日报》1993 年 12 月 21 日。

制度为主体，以有限责任制度为核心的新型企业制度。其基本特征是：政企职责分开，产权关系明晰，企业中的国有资产所有权属于国家，企业拥有法人财产权，是自主经营、自负盈亏的独立法人实体；企业以包括国家在内的出资者投资形成的全部法人财产依法享有民事权利、承担民事责任，并对出资者承担资产保值增值责任，出资者按投入企业的资本份额依法享有所有者的权益、承担有限责任；政府不直接干预企业的经营活动；企业制定章程建立科学规范的领导体制和组织管理制度；企业依法经营，照章纳税，接受政府监督，适应国家宏观调控。建立现代企业制度，必须完善我国的企业法人制度，确立法人财产权，实行出资者的所有权与法人财产权的分离。

1. 1993 年《公司法》的颁布

为适应国有企业改建为公司，建立现代企业制度的需要，1993 年 12 月，我国第一部《公司法》出台。这是一部比《全民所有制工业企业法》重要得多的法律。[①] 在某种意义上，可以说，当初公司制度的引进更大意义上讲并非是经济发展的自发要求，而是国有企业改制的需要，即利用公司特有的产权结构、治理机构及业务运营等模式转换国有企业的经营机制建立现代企业制度。1993 年《公司法》出台的背景就是为了服务当时的国有企业改制，在制度构造上设定大量关于国有企业改革的条款，对于由国有企业改制而成的公司在设立、股份发行和转让、治理结构、债券发行、破产等方面都做了许多特别规定，可以称 1993 年《公司法》为"国有企业改制法"[②] 因为，当时尽管国有企业共有 180 多万家，其实"老板"只有一个，那就是中央政府。虽然大小企业分割成条条块块，分别隶属政府各部门或省市各级政府管理，又多次改革，放权、让利、搞活，但其指令式的计划经济性质，并无根本改善。只有将这种"国家大企业"分散为千万个以独立法人为主体的经济单位，按照市场经济规律办事，才有可能建立起现代企业制度。《公司法》就是要推动这种产权改革。

《公司法》规定，公司是企业法人，有独立的法人财产，享有法人财产权，并以其全部财产独立承担债务责任。该法在有限责任公司和股份有限公司设立部分，分别做出了有关国有企业改建为有限责任公司或股份有限公司的规定。[③]

《公司法》的颁布实施，标志着我国市场主体立法从以所有制形式立法的思想

---

① 张文魁：《中国国经济改革 30 年》，重庆大学出版社 2008 年版，第 70 页。

② 漆多俊："中国公司法立法与实施的经验、问题及完善途径"，载《中南工业大学学报》（社会科学版）2002 年第 1 期。

③ 王保树：《中国公司法》，中国工人出版社 1995 年版，第 77—79 页。

转变到以责任形式立法，并摒弃了以所有制形式将企业分门别类的立法倾向。将各种不同所有制形式的企业作为平等的市场竞争主体看待，与1993年以前的企业主体立法思想有了较大的变化。[①]

当时最广泛的理解是，现代企业制度就是以股份制度为基础的现代公司制度，建立现代企业制度，就是要将传统的全民所有制企业改造为公司制企业。也就是说，要使国有企业实现公司化。所谓将国有企业改建为公司，是指将国有企业净资产折价或折股入公司，国有企业或其代表资产所有的部门，作为设立公司的发起人，或自己组建公司，或采取吸收其他法人和个人的出资，或向法人和个人出售部门股份等方式组建公司。这是不同于传统公司设立的做法。

按照当时的《公司法》的规定，国有企业改建为公司可以采取以下三种形式：

（1）为单一投资主体的国有企业，符合公司法规定设立有限责任公司条件的，可依该法改建为国有独资有限责任公司（第二十一条）。

（2）为多个投资主体的国有企业，符合公司法规定设立有限责任公司条件的，可依该法改建为由几个股东共同出资设立的有限责任公司（第二十一条）。

（3）国有企业符合公司法规定设立股份有限公词条件的，可依该法改建为股份有限公司，如发起人少于5人，应采取募集设立方式（第七十五条）。

《公司法》颁布之后的几年，在我国新设立的公司不多，大多数公司是由当时的国有企业改建而成的，[②] 这是我国公司组建的一大特色。

国有企业的公司化，将使其资产保持独立性，有利于在国有企业同政府之间建立清晰的财务边界，有利于国有企业按照市场规则进行经营并接受市场竞争的结果。

现代企业制度的提出以及《公司法》的颁布，促使了我国经济学界思考如何建立现代公司制度的问题。吴敬琏和钱颖一在1994年就系统地论述了国有企业的公司化。他们认为，国有企业的公司化应该包括三方面的基本内容，即明确公司的法人性质；界定产权关系，明确投资者对公司法人财产的股权；建立公司治理结构。其中建立公司治理结构是公司化的核心。他们还认为，公司化是制止国有企业经营状况恶化、国有资产加速流失的迫切需要，是国有企业改革的合理起点，也有利于解决国有企业过度负债和承担社会职能等问题，并为股权多元化准备了条件。

1993年《公司法》的制定标志着我国进入了现代企业制度建立的新阶段，该法

---

① 姜天波："公司法修改的若干理论问题"，载《人民司法》2005年第4期。
② 王保树：《中国公司法》，中国工人出版社1995年版，第77—79页。

对恢复我国商事公司制度、推进国有企业的公司制改建、保护股东和债权人利益、确立市场经济主体的法律地位诸方面起到了重要作用。直至今天，该法仍然是我国商事组织法的主体和骨干。

《公司法》于 1994 年元旦实施，使我国国有企业现代公司制的改革纳入了法律轨道。1994 年 11 月，国务院确定在百家企业进行现代企业制度的试点，《人民日报》公布进行试点的 100 家企业和 3 家控股公司名单。1999 年 9 月，十五届四中全会决定要求对国有大中型企业实行规范的公司制改革，指出公司制是现代企业制度的一种有效组织形式，而公司法人治理结构是公司制的核心。

有学者认为，经过《公司法》改造后，相对于放权让利，国有企业公司制改革取得了两个重大进步：一是承认了企业独立法人地位，国家作为股东，必须按照《公司法》的规定行使所有者职能；二是通过上市引入了外部投资者的监督，在一定程度上约束了内部人控制问题。①

《公司法》的实施充分调动了社会各种主体投资的积极性，避免了国家一家投资所带来的资金不足、投向盲目、效益不高等弊端。在管理体制方面，《公司法》的实施使我国的企业开始实行了民主和科学的管理，进一步划清了与政府之间的关系。在收益分配方面，《公司法》的实施改变了传统的分配格局，使投资者、经营者、劳动者各自的利益在一定程度上得到满足。公司法作为商法的重要组成部分，与其他部门法相互配合，为建立我国市场经济的良好法律秩序、促进国民经济的繁荣发展提供了良好的法制保障。②

《公司法》的实施，国有企业的公司制改造对克服传统国有大中型企业低效性、治理结构的诸多缺陷发挥了重要作用，但由于当时公司实践经验不足，公司内部权力制衡机制失衡，股东大会形式化，董事长兼任总经理，监事会不监事等情况普遍存在，没有形成制衡机制。《公司法》实施不久，就有学者撰文指出："当前我国有企业业的法人治理结构十分混乱，传统的东西和现代的东西混在一起，使法人治理结构很不规范。西方的法人治理有三层，董事会、监事会和经理班子，关系非常清楚。我国是八架马车，老三会，新三会，再加一个经理班子，一个外部监事会，关系十分复杂和混乱。各方面的关系，特别是党委和厂长的关系很难协调。有些企业即使建立了所谓的现代企业制度，各管理层也基本上由上级任命，各层之间无法

① 龚红、宁向东："国有企业转型过程中宏观与微观权力关系的渐进式变革"，载《财经科学》2007 年第 1 期。
② 顾功耘："《公司法》的实施与完善刍议"，载《法学》2004 年第 7 期。

进行有效的领导、制约，最终使企业无法有效运作。"[①]

2. 2005 年《公司法》的修改

1993 年《公司法》颁布之时，正逢我国刚刚提出建立社会主义市场经济体制不久，1993 年《公司法》在我国的经济改革和经济建设中发挥了巨大的作用，其实施已经导致计划经济体制下形成的单纯国有企业运行机制逐步让位于市场条件下的多种公司形式并存的运行机制。而十多年之后的 2005 年，则是我国社会主义市场经济体制要走向完善之时。无疑，公司是市场经济发展的最重要的商事主体，因而《公司法》的颁布被人们视为是建立社会主义市场经济体制的切实有效的步骤之一。同样，完善的公司制度也是完善的市场经济体制的应有之意。因此，《公司法》的修改必须适应完善市场经济体制的需要。

公司制度从一定意义而言就是公司法人制度。而公司法人制度的根本点是：股东财产与公司财产分离，公司具有独立的财产权利；股东承担有限责任；公司具有独立人格。与其精神不一致的条文不应继续存在于公司法之中。譬如，1993 年《公司法》第四条第一款规定："公司股东作为出资者按投入公司的资本额享有所有者的资产受益、重大决策和选择管理者等权利。"第二款规定："公司享有由股东投资形成的全部法人财产权，依法享有民事权利，承担民事责任。"这表明，股东出资后仅有股权，众多股东投资形成的财产属于公司。但是，该条第四款却又规定"公司中的国有资产所有权属于国家"，似乎国有股与其他股东不同，它既对公司享有股权，又继续对投入公司的资产拥有所有权。显然，这是不符合公司法的精神的。[②]

尽管 1993 年《公司法》有力地推动了国有企业的改革，但是国有企业的一些不规范改革也给《公司法》的实施蒙上了浓重的阴影。在证券市场上，相当数量的国有控股的上市公司不仅没有形成合理的法人治理结构，而且经营状况以及效益令人堪忧。有的公司经营不多年，已经陷入严重的困境，引起了多方面的关注。[③]修改公司法成为必然。

2005 年 11 月 27 日新《公司法》对原《公司法》进行了全面的修订，修订案面临的一个首要难题，就是如何处理关于国有企业改革的问题，即要不要在《公司法》中规定国有企业的问题。在讨论中多数人主张国有企业改革立法与《公司法》修改分开进行，但究竟彻底分开还是有限度分开，争论非常激烈，焦点集中在"国有独

[①]　范恒山："国有经济的战略调整与国有企业改革"，载《经济社会体制比较》2001 年第 4 期。

[②]　王保树："《公司法》修改应追求适应性"，载《法学》2004 年第 7 期。

[③]　顾功耘："《公司法》的实施与完善刍议"，载《法学》2004 年第 7 期。

资公司"的去留上。有人主张,《公司法》中单列的关于"国有独资公司"部分应该去掉,与新增的"一人有限责任公司的特别规定"合并为一节;否则,同是一人出资,私人出资的叫"一人有限公司",国有出资的却叫"国有独资公司",不利于淡化公司的所有制色彩,也不利于一视同仁、公平竞争。但也有人以及国资委、工商总局等主管部门主张保留。最终的取舍是保留"国有独资公司"一节,同时在在淡化所有制方面取得了一些进展。①

(1)保留并修改国有独资公司相关制度。

原《公司法》规定:"本法所称国有独资公司是指国家授权投资的机构或者国家授权的部门单独投资设立的有限责任公司。"据此规定,不少中央企业作为家授权投资的机构所投资设立的子公司都是国有独资公司,2005年《公司法》修订后将其修改为:"国有独资公司是指由国家单独投资,由国务院或者地方人民政府授权本级人民政府国有资产监督管理机构行使履行出资人职责的有限责任公司。"该定义与原定义相比较,"独资"的含义有所不同,修改之后的概念界定更为准确:由国家单独投资,由代表国家的国务院或者地方人民政府授权本级人民政府国有资产监督管理机构行使履行出资人职责。对比之下,后者缩小了国有独资公司的范围。因为根据该规定,国有独资公司的设立要具备三个要件:第一,国家出资,与原来的"国家授权投资的机构或授权投资的部门出资"相区别;第二,国家单独出资,由此区别于国有控股公司、国有参股公司;第三,国有独资公司是国有资产监督管理机构根据本级政府授权履行出资人职责的公司,本级国有资产监督管理机构是唯一履行出资人职责的机构。这样一来,非由国有资产监督管理机构根据本级政府授权履行国有资产出资人职责的企业,将不再被纳入国有独资公司的范畴。国家授权投资的机构设立的独资企业不被称为国有独资公司,纳入法人设立的一人公司的范畴。所以,国有独资公司的范围由此大为缩小。由于这一基本的变革,国有独资公司的组织机构有了一系列的变化:

1)修改国有独资公司董事会的规定,对国有独资公司董事会中的非职工董事由1993年《公司法》规定由国家授权投资的机构或者国家授权的部门委派相应修改为由国有资产监督管理机构委派;董事长、副董事长由国家授权投资的机构或者国家授权的部门从董事会成员中指定修改为由国有资产监督管理机构指定。

2)修改国有独资公司股权代表,1993年《公司法》规定,由国家授权投资的机

---

① 李建伟:《中国企业立法体系改革——历史反思与还重构》,法律出版社2012年版,第44—45页。

构或者国家授权的部门代表国家行使股东权利。2005 年《公司法》规定，由各级政府的国有资产监督管理机构代表国家行使股东权利。由于该变化，使原来由国家授权投资的机构或者国家授权的部门行使的权力一律修改为由国有资产监督管理机构行使。如新《公司法》规定国有独资公司的公司章程由国有资产监督管理机构制定或者由董事会制定报国有资产监督管理机构批准。

3）修改国有独资公司重大事项的决定权，1993 年《公司法》第六十六条规定："国有独资公司不设股东会，但公司的合并、分立、解散，增减资本和发行公司债券，必须由国家授权投资的机构或者国家授权的部门决定。"2005 年《公司法》将原《公司法》第六十六条的规定修改为"国有独资公司不设股东会，但公司的合并、分立、解散，增减资本和发行公司债券，由国有资产监督管理机构决定。重要的国有独资公司合并、分立、解散、申请破产的，应当由国有资产监督管理机构审核后，报本级人民政府批准，前款重要的国有独资公司，授权国务院确定。"新《公司法》的这一规定既对原《公司法》合理的规定予以肯定，又吸收了国有资产管理体制改革的成果，借鉴了 2003 年国务院颁布的《企业国有资产监督管理暂行条例》第二十一条的规定："国有资产监督管理机构依照法定程序决定其所出资企业中的国有独资公司的分立、合并、破产、解散、增减资本、发行公司债券等重大事项"。其中，重要的国有独资企业、国有独资公司分立、合并、破产、解散的，应当由国有资产监督管理部门审核后，报本级人民政府批准。"至于哪些企业属于重要的国有独资公司，在不同的经济发展阶段、不同的社会发展时期，重要的国有独资公司的含义不同，所以，新《公司法》授权国务院来确定。

（2）删除国有独资公司有关内容。

删除"公司中的国有资产所有权属于国家"的规定，这一规定带有明显的计划经济痕迹。因为按照我国早期学界观点来说，在国有企业中，作为出资者的国家享有所有权，企业享有对占有的国家财产进行依法经营的权利，包括占有、使用、收益、处分四项权能。这种学说是在社会主义市场经济发展初期，出于国有企业改革的政策考虑而提出的，根本上说还是没有完全脱离"公司制度是姓资还是姓社"的争论，将社会主义的国有公司作为一般公司的例外，目的是避免动摇公有制基础、防止国有资产流失。但是，这样的规定并未如设想一样对国有企业改革起到很好的作用，相反导致了国有企业即使在公司制改革后，仍然产权不清、政企不分、责职不明。这一规定，从根本上否定了公司法人人格独立的财产基础。后来有些学者又提出双重所有权说，认为公司对其法人财产享有所有权，而作为出资者的国家同时对公司享有所有权（终极所有权）。但是这一学说因为违反了"一物一权"的物权法思想，并与经营权说一样导致公司法人格对股东的依附，根本地动摇了公司法人制度。还有一种法人财产占有说认为国家是全民财产的所有人，企业则享有具有独立物权性质的占有权，这种权利是一种相对所有权，企业据此可以自主支配一定的全民财产。占有权说很难涵盖使用、收益、处分等权能，与公司实际运作状况不相符合。且同样使得公司产权不清、责权不明，因而最终也被抛弃。

随着我国国有企业改革的推进和对公司制度认识上的深化，法学界和实务界达成共识：公司制度中法人财产权与股东股权的分离不仅可以为一般公司带来公司独立经营和出资者权益的双重保护，而且同样可以适用于国有企业。在国有企业中，国家作为出资者依法出资后，享有作为股东的股权，而公司对包括国家股东在内的出资则享有独立的法人财产权。国家股东凭借其股权决定公司重大问题，分享公司利润，同时选派经营者经营公司；公司则依法自主经营、自负盈亏。如果公司经营者侵犯公司或股东的合法权益，造成国有企业财产流失，公司和股东可以依照公司法的规定追究公司经营者的责任。这种产权清晰、权责分明的模式更有助于促进国有企业经营效益的提高，同时保护国有资产。在这一思路被广泛接受后，原公司法的这一规定就愈发显得不合时宜，因此在此次修改时予以删除。①

删除了关于国有独资公司适用范围的规定。原《公司法》第六十四条第二款规定：国务院确定的生产特殊产品的公司或者属于特定行业的公司，应当采取国有独资公司形式。删除了只有董事长为公司的法定代表人的规定。原《公司法》规定，董事长为公司的法定代表人。按照新《公司法》第十三条的规定，公司法定代表人由公司章程自行规定，可以是董事长、经理或执行董事。删除了公司董事会成员为3—9人的规定。原《公司法》第六十八条第二款规定，公司董事会成员为3—9人。新《公司法》对公司董事会成员的人数未做规定。删除了国有独资公司资产转让的规定。原《公司法》第七十一条规定，国有独资公司的资产转让，依照法律、行政法规的规定，由国家授权投资的机构或者国家授权的部门办理审批和财产权转移手续。删除了原《公司法》第七十二条规定的内容。原《公司法》第七十二条规定，经营管理制度健全、经营状况较好的大型的国有独资公司可以由国务院授权行使资产所有权的权利的规定。对上述内容之所以删除，主要是原《公司法》的规定，有些不科学，

---

① 赵旭东：《新旧公司法比较分析》，人民法院出版社 2005 年版，第6—8页。

有些不符合我国对国有独资公司管理的新情况和要求。

删除 14 处涉及国有企业改革的条款。如删除 1993 年《公司法》第七条："国有企业改建为公司,必须依照法律,行政法规规定的条件和要求,转换经营机制,有步骤地清产核资,界定产权,清理债权债务,评估资产,建立规范的内部管理机构",第二十一条"本法施行前已设立的国有企业,符合本法规定设立有限责任公司条件的,单一投资主体的,可以依照本法改建为国有独资的有限责任公司,多个投资主体的,可以改建为前条第一款规定的有限责任公司。国有企业改建为公司的实施步骤和具体办法,由国务院另行规定",等等。这些特别条款的删除,有助于回归公司法作为企业基本组织法的制度本位。[①]

(3)新增国有独资公司有关内容。

1)明确具体规定了国有独资公司董事会的职工董事的产生原则、产生机构和程序。1993 年《公司法》只是原则性地规定国有独资公司董事会的职工董事由职工民主选举产生,至于具体通过何种民主程序选举产生,没有明确规定,职工董事的民主化成为空话。而 2005 年《公司法》规定国有独资公司董事会的职工董事的产生通过公司职工代表大会选举产生,这样。职工董事的选举在操作层面上就没有障碍。

2)对国有独资公司监事会的新规定。主要有以下几个方面:第一,监事会的组成。1993 年《公司法》规定监事会的成员不得少于 3 人,但是没有对职工代表比例提出明确的要求。鉴于一方面职工最了解公司的生产经营状况,其合理建议值得听取,另一方面,职工属于弱势群体,为了保护这部分人的利益,2005 年《公司法》修改为国有独资公司监事会成员不得少于 5 人。增加规定:"监事会成员中,职工代表不得低于 1/3,具体比例由公司章程规定。"并针对 1993 年《公司法》则没有明确规定监事会职工代表的产生办法。2005 年《公司法》明确规定职工代表通过职工代表大会选举产生。第二,监事会主席的产生。1993 年《公司法》没有关于监事会主席的规定,2005 年《公司法》明确规定监事会主席由国有资产监督管理机构从监事中指定。第三,监事会的职权。由于新《公司法》对有限责任公司监事会职权做了修改,增加了监事会职权,因此,新《公司法》关于国有独资公司监事会职权适用相关规定,其职权当然也有所增加。具体行使《公司法》第五十四条第 1—3 项规定的职权和国务院规定的其他职权。

3)对国有独资公司的董事高级管理人员专任制度的规定。对于一般的公司而言,

---

① 李建伟:《中国企业立法体系改革——历史反思与还重构》,法律出版社 2012 年版,第 44—45 页。

竞业禁止义务仅仅是要求董事、经理不得自营或者为他人经营与其所任职公司同类的营业或者从事损害本公司利益的活动。如果所兼任的职务的公司业务与其所任职公司业务不存在竞业态势，且所从事的活动不损害本公司利益的，法律不限制一般公司的董事、经理对他公司职务的兼任。但是，2005年《公司法》对国有独资公司董事长、副董事长、董事、高级管理人员，实行了比竞业禁止的规定更加严格的专任制度。

1993年《公司法》也有高管的专任制度，其第六十九条第二款规定："董事会成员兼任经理，必须经国家授权投资的机构或者国家授权的部门同意。"第七十条规定："未经国家授权投资的机构或者国家授权的部门同意，公司的董事长、副董事长、董事、经理不得兼任其他公司或经营组织的负责人。"但是，2005年《公司法》将这两个条文分别修改为："经国有资产监督管理机构同意，董事会成员可以兼任经理"；"国有独资公司的董事长、副董事长、董事、高级管理人员，未经国有资产监督管理机构同意，不得在其他有限责任公司、股份有限公司或者其他经济组织兼职"。

2005年《公司法》之所以如此严格规定，其目的在于通过确保公司董事、经理等能勤勉地在国有独资公司工作，最大限度地防止公司管理层因兼职导致国有独资公司管理秩序混乱失控，达到防止国有资产流失的最终目的。①

我国《公司法》的这些进步，很大程度上取代了《全民所有制工业企业法》关于所有权和经营权分离、政企分开的功能。国有企业的治理结构如果依照公司法的规定进行组建，将更加规范合理。

二、《国有资产法》的出台

我国国有经济的发展，积累了规模庞大的国有资产。对于国有企业及其改革和经营性国有资产的管理，以至如何建立一个有效的体制，确保各类国有财产的有效利用和保护，是人们长期以来关注的一个话题。对于国有资产，我国一直没有一部从整体上加以系统调整的法律。尤其是针对有些地方、有些国有企业，将国有资产低价折股、低价出售，甚至无偿分给个人，或者以其他方式和手段侵害国有资产权益，造成国有资产流失的现象，《全民所有制工业企业法》束手无策。因此，社会各界呼吁制定保护国有资产的专门法律，以健全制度，堵塞漏洞，切实维护国有资产权益，

---

① 史正保："解读新《公司法》对国有独资公司制度的完善"，载《经济研究参考》2007年第59期。

保障国有资产安全的呼声很高。[①]

国有资产法的立法工作自 1993 年启动，历时 15 年，几经反复，结合实践和观念发展的实际状况，《中华人民共和国企业国有资产法》（后简称《企业国有资产法》）终于 2008 年 10 月 28 日经由第十一届全国人民代表大会常务委员会第 5 次会议通过。于 2009 年 5 月 1 日起正式施行。

在规范对象上，《全民所有制工业企业法》适用于全民所有制企业，这类企业具有法人资格，财产归全民所有。《企业国有资产法》规范对象更广，包括了国有独资企业、国有独资公司，以及国有资本控股公司、国有资本参股公司。

两部法律对以下几个方面的规定基本一致：肯定了政企分开、两权分离的原则，明确了企业经营自主权不受非法干涉；职工有权通过职工代表大会等形式对企业实行民主管理；国家出资的企业负有妥善经营管理国有资产、进行风险控制、实行经济责任制以及确保国有资产保值增值的职责；企业负有保证产品质量、建立和谐劳动关系、接受审计、税务等部门的依法监督、遵守法律法规等责任。

但是，《企业国有资产法》的出台，替代了《全民所有制工业企业法》关于国有资产保值增值的相关功能。

（一）《全民所有制工业企业法》的立法宗旨相对落后

《全民所有制工业企业法》的立法宗旨在第一条便已明确提出，即，"为保障全民所有制经济的巩固和发展，明确全民所有制工业企业的权利和义务，保障其合法权益，增强其活力，促进社会主义现代化建设"。

改革开放以来，我国经济建设取得了举世瞩目的成就，国有经济日益发展壮大。国有资产广泛分布于社会生活的各个方面，尤其是在公共基础设施、国家安全和支柱产业等领域。规模庞大的国有资产不仅是我国社会主义的政治理经济基础、政府提供公共产品和公共服务的基本保障，也是全国人民的共同财富。随着我国国民经济的发展和国有企业改革的深化，国有企业效益提高、利润有所增长，对国有财产投资经营提出了更高的要求，为使国有资本和国有企业造福于民，现阶段的实际需要不仅仅是"为保障全民所有制经济的巩固和发展，明确全民所有制工业企业的权利和义务，保障其合法权益，增强其活力，而是如何把全民所有的国有资产即国家所有的权益保护好、运用好，实现、维护国有资产权益，巩固和发展国有经济，增

---

① 杨绍华："企业国有资产法：一部保障国有资产权益的重要法律——访全国人大常委会法工委副主任安建"，载《求是》2009 年第 9 期。

强国有经济的活力、控制力、影响力的问题。解决好这一问题，对于提高人民生活水平，增强综合国力和民族凝聚力，坚持我国社会主义基本经济制度，具有十分重要的作用。《企业国有资产法》第一条开宗明义："为了维护国家基本经济制度，巩固和发展国有经济，保障国有资产权益，发挥国有经济在国民经济中的主导作用，促进社会主义市场经济发展，制定本法。"

《企业国有资产法》贯彻党了的十六大、十七大精神，遵循宪法，坚持社会主义基本经济制度，保障国有经济的巩固和发展，从法律上保障和维护国有资本的权益。

2002年党的十六大决定成立国有资产监督管理机构，十六届二中全会和十届全国人大进一步明确将国资委作为本级政府的直属特设机构，根据授权依法履行国有资产出资人职责，并负责国有资产监管。选择这个方案，有利于改变国有资产多头管理和国有资本老板不到位的状况，减少管理层次、加强集中统一监管。国资委专门承担企业国资监管职责，既不同于对全社会各类企业进行某方面公共管理的政府机构，也不同于一般的企事业单位，而是由政府授权行使国家所有权的监管职能，具有特殊性质。从这时起，我国第一次从机构设置上，在政府层面明确了企业国有资产的产权代表，使该职能由政府公共管理部门承担的政资不分的局面，转向由政府特设机构专门负责，并由过去政府多个部门分散管理转为由政府特设机构集中行使。

2003年十六届三中全会在《中共中央关于完善社会主义市场经济体制若干问题的决定》中，进一步强调要建立健全国有资产管理和监督体制，坚持将政府公共管理职能和国有资产"出资人"职能分开，国有资产管理机构对授权监管的国有资本依法履行"出资人"职责。2007年10月党的十七大报告指出：完善各类国有资产管理体制和制度，加快推进政企分开、政事分开。

从上述政策及文件中可以清晰地看到，十多年来我国国有企业和国有资产管理体制改革的总体脉络，是在适应建立社会主义市场经济体制目标的大背景下，始终围绕国有企业产权制度改革这个核心，推进政企分开、政资分开，促进国有财产投资经营各环节的角色定位科学、明晰，在此基础上力求老板到位、监管得力、企业得以依《公司法》面向市场有效地运作，从而为发展壮大国有经济奠定了体制基础。因此，本法就是在延续以上精神的前提下，着重完善经营性国有资产管理体制，将其制度法律化的尝试。①

（二）《全民所有制工业企业法》的立法原则被全面超越

《全民所有制工业企业法》第二条明确规定："企业的财产属于全民所有，国

---

① 史际春：《企业国有资产法理解与适用》，中国法制出版社2009年版，第1—5页。

家依照所有权和经营权分离的原则授予企业经营管理。企业对国家授予其经营管理的财产享有占有、使用和依法处分的权利。企业依法人资格，以国家授予其经营管理的财产承担民事责任。"至此，所有权同经营权分离的原则，得到了法律的认可和肯定。但是，国有企业的政企不分、两权如何分离的问题，在《全民所有制工业企业法》实施20多年，一直就没有有效地解决。

《企业国有资产法》另辟蹊径，在总结国有资产产权体制与管理体制改革的基础上，《企业国有资产法》对履行出资人职责的机构、出资人、出资人行使出资人权利应当遵循的基本原则，出资人对出资企业的权利等关系出资人职责、地位，以及出资人与出资企业关系的重大事项做了明确规定，这些规定对于最终厘清国有资产出资人、出资人的代表人、所有权人、经营人、监管人之间关系，理顺政府与国家出资企业的关系，并进一步推进并完成我国经济体制改革具有非常积极的意义。①

（三）《全民所有制工业企业法》的部分规定被完全取代

《全民所有制工业企业法》的第六条规定："企业必须有效地利用国家授予其经营管理的财产，实现资产增值；依法缴纳税金、费用、利润。"此条规定难以实现立法目的。

据有关资料显示，自1994年至2007年，国有企业没有上交一分钱利润。2009年，国有企业利润上缴比例仅约6%，其余利润都在企业内部分配。2010年，该比例降至2.2%，而央企上缴的红利目前主要在央企体系内部转移，②尚没有体现的《全民所有制工业企业法》第六条规定的意义。《企业国有资产法》通过切实保障国家对企业出资所形成的出资人权益，以保障国有资产安全，防止国有资产流失，这是实现国有资产保值增值、发展壮大国有经济的基础。

尽管国有企业和国有资产管理体制改革取得明显成效，但由于我国以前对国有财产投资经营的规律不甚明了，实践中缺少章法，制度性缺漏较多，基本上是"头痛医头、脚痛医脚"，体制不够完善。加上我国正处于社会和经济转型期，各种侵吞、侵害国有资产及其权益的事件层出不穷，如在国有企业改制过程中，将国有资产低价折股、低价出售，甚至无偿分给个人，或者以其他方式和手段侵害国有资产权益，化公为私。因而维护国资权益，保障国资安全，防止国资流失，成为社会持续关注的焦点。如何从法律角度切实维护国资权益，防止国资流失，促进国有经济巩固和发展，《全民所有制工业企业法》的第六条规定在这样窘迫的现实面前无能为力。（见

---

① 王克稳："《企业国有资产法》的进步与不足"，载《苏州大学学报》（哲学社会科学版）2009年第4期。

② 天则经济研究所课题组："国有企业的性质、表现与改革"，天则研究所2011年版。

表6）因为该条规定只是宣誓性，号召性的规定，没有可诉性的规则条文做保障。《企业国有资产法》科学地确立并完善国有财产投资经营的原则、方式，将其制度化、法治化，以保护国有资产权益的，发挥国家所有权在社会主义市场经济中的主导作用，从而促进市场经济的健康运行和发展。[①]

表 6　《全民所有制工业企业法》调查问卷——问题 8（可多选）

问题：第六条规定："企业必须有效地利用国家授予其经营管理的财产，实现资产增殖；依法缴纳税金、费用、利润。"，您所知道的国有企业交利润了吗？	
选择项	选择的比例
A. 依法交了	12%
B. 适当地交了	27%
C. 没有交	51%
D. 不知道	10%
E. 爱交不交，这条规定不起作用	83%

《企业法》第四十四条规定，企业管理人的产生，由政府主管部门根据企业的情况决定采取政府主管部门委任或者招聘或企业职工代表大会选举产生，第四十七条规定企业设立管理委员会或者通过其他形式，协助厂长决定企业的重大问题。管理委员会由企业各方面的负责人和职工代表组成。

而《企业国有资产法》第十二条则规定："履行出资人职责的机构代表本级人民政府对国家出资企业依法享有资产收益、参与重大决策和选择管理者等出资人权利。履行出资人职责的机构依照法律、行政法规的规定，制定或者参与制定国家出资企业的章程。履行出资人职责的机构对法律、行政法规和本级人民政府规定须经本级人民政府批准的履行出资人职责的重大事项，应当报请本级人民政府批准。"

依照新法优于旧法的原则，《企业国有资产法》第十二条将前述《全民所有制工业企业法》第四十四条、第四十七条规定架空。

总之，《企业国有资产法》确立了我国有企业国有资产监督管理体制，明晰了履行出资人职责的机构和国家出资企业的职权与责任，明确了涉及国有资产出资人权益的重大事项，规定了国家出资企业管理者的选择与考核规则和国有资本经营预算制度的相关原则，其对推动我国国有企业改革和发展具有十分重要的意义。毫无疑问，《企业国有资产法》对仅仅依照《全民所有制工业企业法》成立的国有企业既是机遇又是挑战。

按照《企业国有资产法》规定，企业国有资产是指国家对企业各种形式的出资

---

① 史际春：《企业国有资产法理解与适用》，中国法制出版社 2009 年版，第 1—5 页。

所形成的权益。不论哪种国有资产，只要进入经营性领域就要纳入这部法律调整的范畴。这从细节上反映出中国希望在自己的经济改革中，能搭建起一条新型的公有制与市场经济体制相对接的桥梁。[1] 为国有企业的多种所有制改革留下伏笔，使国有企业改制与资产转让有了较明确的法律依据，同时和 2005 年《公司法》相呼应，也规定了国有企业高管不得随意进行三类兼职，增加规定主要负责人应接受经济责任审计、出资机构须对国资保值增值负责等。[2] 其先进性不言而喻。

《企业国有资产法》的颁布施行，标志着企业国有资产管理体制及国有资产的经营和保护从行政手段向民商事法律手段的转变，这部法所确立的国有资产管理体制是与社会主义市场经济体制的改革目标和国有企业改革的方向相一致的，其颁布施行必将对社会主义市场经济的发展、深化国有企业改革发挥巨大的促进作用。

《企业国有资产法》的出台，从立法宗旨到立法原则、到具体的规则多方位地凸显了《全民所有制工业企业法》的笨拙和老套。

三、破产法制的完善

《中华人民共和国企业破产法（试行）》（以下简称《企业破产法（试行）》）于 1986 年 12 月在第六届全国人民代表大会常务委员会第十八次会议上通过。由于该法仅仅适用于全民所有制企业，所以也可以称为国有企业破产法。后因社会经济生活的变化，于 2004 年修改。

（一）《企业破产法（试行）》为国有企业改制服务的制度设计

1979 年以后，中国走上改革开放的道路。城市经济改革的一个重要目标就是让企业自负盈亏。随着企业亏损和不能偿还债务的情况日益突出，亟需一套法律机制来加以处理。于是，制定破产法的任务便提上了议事日程。1980 年 10 月，国务院发布《关于开展和保护社会主义竞争的暂行规定》，引发了关于"淘汰"落后企业的讨论。1984 年 5 月在第六届全国人大第二次会议上，部分代表提出了制定企业破产法的提案。随后，国务院多次召开会议讨论制定破产法的问题。讨论中存在着激烈的争论。与此同时，学者们发表文章，呼吁制定破产法。

1984 年 10 月，中共十二届三中全会通过《关于经济体制改革的决定》，提出"使企业真正成为相对独立的经济实体，成为自主经营、自负盈亏的社会主义商品生产

---

① 刘纪鹏："《国有资产法》破冰 2006"，载《法人》2006 年第 2 期。
② 赵梅："浅议《企业国有资产法》的缺憾与对策"，载《经济师》2009 年第 9 期。

者和经营者，具有自我改造和自我发展的能力，具有一定权利和义务的法人"。至此，可以说，所有权与经营权适当分开的思想成为企业破产法的制定的理论依据。全国人大常委会于 1986 年 12 月 2 日通过了《企业破产法（试行）》。在《全民所有制工业企业法》实施满三个月之日 1988 年 11 月 1 日，《企业破产法（试行）》生效。

"两权分离"的思维催生了我国第一部破产法——《企业破产法（试行）》。而《企业破产法（试行）》的通过与颁行，不仅在我国法律体系的构筑中填补了历来匮缺的空白，而且还以它为中轴，带动了诸如《全民所有制工业企业法》、《中华人民共和国社会保障法》、《公司法》、《反不正当竞争法》等一系列法律法规的相继出台。①

《企业破产法（试行）》的颁布和施行对冲破国有企业不能破产的旧观念，建立企业优胜劣汰的竞争机制起了促进作用，《企业破产法（试行）》服务于国有企业改制的主要安排有：

第一，立法宗旨——以破产促经营。

由于当时全民所有制的形式——国家所有制存在着缺陷和弊端，决定了劳动者同生产资料直接结合的愿望难以实现，决定了劳动者与经营者同企业经营状况之间缺乏完善的联结机制，因而，劳动者与经营者对企业的责任心不可同私有制企业同日而语。这样，就出现了全民所有制企业没有"真正主人"的状况。在这种情况下，当时的国有企业的破产，不仅有商品经济规律作用的客观原因，而且还有企业经营者缺乏责任心的主观原因。这是当时我国不少全民所有制企业连年亏损、缺乏经营活力的重要因素。因此，我国企业破产立法的目的就必须既要维护商品经济的秩序，保护债权人、债务人的合法权益，又要以完善全民所有制，加强企业经济责任制和民主管理，增强企业经营者与劳动者对企业的责任心为重要出发点，促使经营者与劳动者同企业之间建立"共损共荣"的经济法律关系，使企业有"真正的主人"。也就是说，我国企业破产立法宗旨具有双重性。一是保护债权人、债务人合法权益，保证破产债权人公平受偿，保证破产程序的正常进行；二是明确企业经营者和管理者对企业的责任，促使企业的经营者和管理者对企业经营管理尽心尽力。这种立法宗旨的双重性决定了我国企业破产法律责任必须分为两类。其一，为了破产清的公平性，必须对各种破产诈欺、破产贿赂、违反说明义务、损害债权人利益等行为进行惩罚；其二，为了加强经济责任制，根据过错责任原则，对企业破产负有直接责

---

① 汤维建：《优胜劣汰的法律机制——破产法要义》，贵州人民出版社 1995 版，第 229 页。

任的人员进行处罚。[①]但是当时立法的指导思想主要是以破产为惩罚手段，来促使那些亏损的国有企业改善经营。[②]

第二，适用范围的专属性。

《企业破产法（试行）》仅限于全民所有制企业法人，其他所有制企业不适用。这种专门对全民所有制企业破产关系的法律调整，是由我国全民所有制企业在当时的社会经济生活中的主导地位决定的。但同时也带来不利影响，随着当时我国企业的深化改革，为适应市场经济的需要，我国企业逐渐形成了国有、集体、私营、三资、股份有限公司和有限责任公司等多种所有制形式。后来的实践证明达到破产界限的企业，有各种所有制的企业，其中集体企业占的比重相当大。其他所有制形式的企业已濒临破产、名存实亡。由于《企业破产法（试行）》不适用于非国有企业，致使这些企业破产无法可依，成了"活不成"又"死不了"的烂摊子，给企业本身和社会均带来许多问题。可以说在某种意义上，正是由于《企业破产法（试行）》适用范围过窄，才导致企业破产机制不能在全国范围内的企业普遍实行。[③]

第三，破产程序的行政参与性。

《企业破产法（试行）》设置了很多条文，让政府参与破产程序，例如，我国《企业破产法（试行）》第三条规定，公用企业和与国计民生关系重大的企业，出现了破产原因，政府有关部门可以给予资助或采取其他措施帮助清偿债务；第八条规定，全民所有制企业作为债务人要自行提出破产申请，必须经政府主管部门同意；再如关于和解与整顿的规定，债权人申请宣告债务人破产时，是否申请和解，债务人本身没有决定权，其上级政府主管部门却享有决定权；债务人和债权人会议达成和解协议后，经人民法院裁定认可，中止破产程序，其后的整顿由债务人的上级主管部门负责，这就把政府直接管理企业经营活动、整顿亏损企业的行政措施引入了破产程序。另外，关于破产清算组成员的组成，现行破产法规定由人民法院从企业上级主管部门、政府财政部门等有关部门和专业人员中指定，使政府官员成了破产清算组的主要成员，而忽视了破产清算工作的民间性、中介性专业性和社会性。[④]诚然，国有企业或者国有独资公司的财产属于该企业或者公司所有，国有企业同其他企业的不同，仅仅在于出资人不同，而出资人在法律地位上也是平等的。所以，不

① 徐德敏、梁增昌：《企业破产法论》，陕西人民出版社1990年版，第282—283页。
② 徐学鹿：《市场主体法的基础理论与实务：破产法》，人民法院出版社1999年版，第191页。
③ 张景文："关于重新修订《破产法》的法律思考"，载《中外法学》1995年第3期。
④ 李曙光："现行《破产法》的缺陷及其重新完善"，载《改革》1996年第1期。

应当特别规定国有企业申请破产时应当征得其出资人的同意，而其他类型的企业在申请破产时就不必征得其出资人的同意。这样的问题应当由企业法和公司法来解决。目前在我国司法实践中的问题是，政府有关部门始终把自己的出资人地位与政府管理地位混合在一起，以政府权力行使其出资人的权利，例如，"计划破产"就是最典型的表现。① 所谓"计划破产"，就是在一些破产案例中，政府对破产全过程一手包揽、计划安排，甚至怂恿企业逃避债务的情况。一些地方政府沿用过去计划体制下习惯的"关停并转"方式，把破产当作行政行为，以行政命令的方式推行破产，不考虑破产企业的本身意愿，不考虑法院在破产工作中的主导地位，不考虑用市场和改革的方式来解决破产问题。而破产行为是法律行为，破产的提出、申请、受理、公告、债权人会议、宣告、清算到破产程序的终结，都是有严格的法律规定的，一个企业破产的全过程也应是一个司法程序的过程，不是政府计划安排的结果。破产对企业来说是由于企业生产经营上的失败而不得不采取的极端的手段，它是一种必要的丧失，因此破产行为是市场竞争自发要求的行为。在破产过程中为体现市场的公平、平等和合理，破产程序必须依法进行，只有严格遵循法律规定的程序才能公平、平等的保护所有市场主体（包括债权人和债务人）的合法权益，最大限度地减少债权人、债务人的损失。②

《企业破产法（试行）》上述种种制度设计，导致在 1986 年掀起的改革大潮中，一部分国有企业已经具备了破产原因，但因其职工无法安置而不能破产，于是，在我国的国有企业实行了极具中国特色的所谓"计划破产"。《企业破产法（试行）》就等同政策而非法律，破产法更像"职工安置法"或者"国有企业拯救法"。③ 从各地当时破产司法实践看，根据《企业破产法（试行）》的规定，由债权人或债务人主动提出破产申请的极少，由政府有关部门或企业主管部门指定某个企业实行破产处理的情况占绝大多数。一些地区为了推行企业破产制度，针对债权人和债务人都不愿意提出破产申请的现实，相继成立了破产试点办公室或指导组，由其决定某些病入膏肓、无法拯救的亏损企业破产，并通知人民法院宣告企业破产。④

《企业破产法（试行）》出台，一个原因是观念的转变：十二届三中全会明确提出要使国有企业真正成为自主经营、自负盈亏的相对独立的法人，越来越多的人

---

① 李曙光："破产试点中应注意的几个问题"，载《法学》1995 年第 4 期。

② 李曙光："破产试点中应注意的几个问题"，载《法学》1995 年第 4 期。

③ 李永军："重申破产法的私法精神"，载《政法论坛》2002 年 6 月。

④ 张景文："关于重新修订《破产法》的法律思考"，载《中外法学》1995 年第 3 期。

认识到国有企业必须以其占用的财产独立承担亏损责任,国家不应该继续替国有企业承担亏损包袱,亏损累累资不抵债就应该通过破产方式强制企业退出市场,观念的转变是直接原因;另一个更加重要的原因,是经济发展的需要:因为到了80年代中期,乡镇企业、私营企业逐步发展,并以其灵活的经营机制步步挤压国有企业,一些国有企业陷入亏损之中而不能自拔。这种前所未有的情况促使政府不得不考虑连年亏损的国有企业的出路问题,经济发展的需要是根本原因。

《企业破产法(试行)》的颁布对于冲破计划体制下国有企业不能破产的旧观念,建立优胜劣汰的市场竞争机制起到了推动作用。但是,在社会主义市场经济体制框架建立以后,这部《企业破产法(试行)》的局限性与缺陷已日益暴露出来。[1] 诸如《企业破产法(试行)》仅适用于全民所有制企业,适用范围过窄;受到当时立法实际情况的限制,政府参与破产程序的行政色彩过浓,明显带有计划经济的痕迹,并且缺乏有关重整制度的规定,对某些濒临破产但有复苏希望的企业尤其是大中型企业缺乏避免破产的有效措施和手段等,导致《企业破产法(试行)》被架空。[2] 所以,尽管《企业破产法(试行)》这部法律具有革命性的意义,但是该法出台后基本上处于"闲置"状态,即很少有国有企业按照此法实行破产。

(二)新《破产法》对身份的突破

一个企业究竟应该不应该破产,其条件是客观的,即只要具备破产原因,就可以自己申请或者被债权人申请破产。政府有关部门既不能促成破产,也不能阻碍破产,搞所谓"计划破产"。确实,在当时破产试点过程中涉及的主要是国有企业,而国有企业的产权代表又是政府,因此政府在企业破产过程中扮演着很重要的角色,但是我国推行破产法,本身是对原来计划体制下积累下来的企业病的一种彻底诊治,一个企业破产的全过程也应是一个司法程序的过程,不是政府计划安排的结果。破产对企业来说是由于企业生产经营上的失败而不得不采取的极端的手段,它是一种必要的丧失,因此破产行为是市场竞争自发要求的行为。在破产过程中为体现市场的公平、平等和合理,破产程序必须依法进行,只有严格遵循法律规定的程序才能公平、平等的保护所有市场主体(包括债权人和债务人)的合法权益,最大限度地减少债权人、债务人的损失。[3] 《企业破产法(试行)》无法消除这类问题。

《企业破产法(试行)》与正式法律的地位和效力有一定区别,并且在立法宗

---

[1] 周小全、兰莹:"重修《企业破产法》势在必行",载《法学杂志》1998年第2期。

[2] 王欣新:《破产法论坛》(第1集),法律出版社2008年版,第35页。

[3] 李曙光:"破产试点中应注意的几个问题",载《法学》1995年第4期。

旨上将破产法作为深化改革的措施，带有明显的政策导向性，因此部分内容仍然具有探索性，部分规定过于原则，操作性不强；[①] 严重落后于市场经济发展的新要求，2004 年 8 月 27 日，《中华人民共和国企业破产法》（以下简称《破产法》）终获通过。《破产法》的核心内涵体现了从过分关注国有企业利益到充分强调市场效率的重大转变，[②] 是我国社会主义市场经济体制进一步深化、完善的体现，标志着我国向现代市场经济体系又迈出了重要一步。其进步性表现在：

第一，进一步完善市场经济法制环境，提高市场经济效率。

首先，《破产法》的实施将提高市场资本的配置效率，增强市场资本的重新配置速率。《破产法》第 2 条规定："企业法人不能清偿到期债务，并且资产不足以清偿全部债务或者明显缺乏清偿能力的，依照本法规定清理债务。企业法人有前款规定情形，或者有明显丧失清偿能力可能的，可以依照本法规定进行重整。"依照这一条款，当企业出现明显资不抵债状况时，债权人可以及时提出破产清偿要求，从而制止了资本的进一步无效配置和滥用。

从以前的情况看，由于缺乏明确的法律依据一大批已长期亏损且严重资不抵债的企业仍然维持存在，不仅大量耗用及占用债权人（银行及其他企业等）资本，并且各层面政府部门出于各种考虑还在不断往这一黑洞中注入资金。这种状况的大量存在，是对我国整体市场经济效率的极大打击。

从另一方面来说，理性的企业在预见已无法解决企业困境时，也可依法提出破产重整申请，以及时制止局面的进一步恶化。因此，无论从哪一方面来看，《破产法》的实施将有效优化市场资本配置，充分体现市场经济效率要求，体现市场经济优胜劣汰原则。

其次，《破产法》将有效规范企业破产的相关事务和程序，把企业破产清偿过程置于严格的法制基础上。

第二，扩大《破产法》的适用范围，不同所有制企业一体保护。

《破产法》适用范围为我国所有的企业法人，包括国有企业，法人型私营企业、三资企业，上市公司与非上市公司，有限责任公司与股份有限公司，甚至是金融机构。这体现了各类企业在法律面前平等的原则要求，也由此把国有企业带入了更公平的市场运行环境。

首先，将促进国有企业运行更加市场化、公平化和平民化。政策性关闭破产，

---

① 王欣新主编：《破产法论坛》（第 1 集），法律出版社 2008 年版，第 35 页。

② 陈维："新破产法：从国企利益到市场效率的转变"，载《上海国资》2006 年第 10 期。

一直是此前多年来国有企业最后一道"保护屏障"。享受着非市场的特殊政策和财政支持。

在 2006 年的中央财政预算中，就安排了 338 亿元用以推进国有企业政策性关闭破产和中央企业办社会工作的分离。据统计，截至 2005 年底，我国已经实施政策性关闭破产项目 3 658 家，需要退出市场的国有大中型特困企业和资源枯竭矿山，大部分已实施了关闭破产。而北京、上海、江苏、浙江和福建等 5 省市已经停止实施政策性破产，全面转向依法破产。但在 2008 年之前，仍有约 2 000 家列入规划的企业等待进行政策性破产。虽然这次明确为"新、老划断"，对 2 000 家左右的国有企业依据原来的破产规范，但其余的 10 万家左右的国有企业将完全进入新破产法规范。国有企业将进入市场化、公平化和平民化运作环境，承受公平的市场竞争压力，包括市场化破产、依法破产的压力。[①]

第二，将促进国有企业经营管理方面更注重市场原则。既然国有企业将与其他各类企业进入公平的破产程序，那么，其所透露的信息是除非特殊的明确规定，一般国有企业将被要求与其他各类企业一样，关注市场经济的核心原则——经济效率和效益，否则将可能进入破产程序。同时，《破产法》对包括国有企业在内的经营管理者也施加了更大的压力。

第三，促进国有经济加快调整重组优化步伐。对国有经济整体来说，《破产法》有效解决了国有企业"破产难"、"难破产"的问题，这为国有资产整体加快优化组合、提高资产质量，改善资产结构提供了通道和依据。[②]

总之，《破产法》的修改，进一步体现了受十一届三中全会的精神以及改革开放实践的影响，我国经济领域的立法经历了一个从重视身份区别到淡化身份色彩、从注重差别对待到实行平等对待的发展进程。这既是一个哈耶克意义上的从身份之治到法律之治的转变过程，也是一个类似于梅因所说的"从身份到契约"的"进步社会的运动"，只不过此身份已不同于梅因当时所称的身份而已。到目前为止，这一运动过程尚未终结。[③]

从发展趋势看，这一运动要求在规范商事交易主体的企业立法中，从计划经济体制下沿袭而来的注重差别对待的各种身份完全消失，以取消身份差别、实行平等对待为特征的统一性立法要求逐渐兴起。

---

① 魏雅华："《企业破产法》给中国经济带来什么"，载《检察风云》2006 年 19 期。

② 陈维："新破产法：从国企利益到市场效率的转变"，载《上海国资》2006 年第 10 期。

③ 戴孟勇："身份的衰落——中国民商法三十年"，载《政治与法律》2008 年 7 期。

第五章 《全民所有制工业企业法》的评估结论与建议

第一节 结论——一部有效无用的法律

一、生效的法律

根据全国人大常委会法工委立法规划室 2008 年编撰的《中华人民共和国立法统计》一书提供的数据显示，截至 2008 年 2 月 28 日第十届全国人民代表大会常务委员会第三十二次会议闭幕，包括现行宪法在内，有效的法律共 229 件，其中 1978 年底以前制定的 8 件，1979 年以来制定的 221 件。1979 年以来制定的现行有效的 221 件法律中，每部法律，无论修改（修订）几次，统计均为 1 件。① 《全民所有制工业企业法》是其中的一件，作为上位法的宪法自 1982 年通过以来，经历了 1988 年、1993 年、1999 年和 2004 年四次修改，而《全民所有制工业企业法》自 1988 年通过以来没有做任何修改。

1991 年，七届全国人大常委会制定了《全国人大常委会立法规划（1991 年 10 月至 1993 年 3 月）》，这是全国人大常委会第一个正式的立法规划。此后，从八届开始，每届全国人大常委会在届初制定五年立法规划已成为一种惯例，截至十一届全国人大常委会共制定了五个五年立法规划。从连续几届的立法规划看，列入七届

---

① 全国人大常委会法工委立法规划室：《中华人民共和国立法统计》，中国民主法制出版社 2008 年版，第 3 页。

人大立法规划的共 64 件，列入八届人大立法规划的 152 件，列入九届人大立法规划的有 89 件，十届人大的有 76 件[①]，十一届全国人大常委会立法规划共 64 件，[②]《全民所有制工业企业法》没有进入其中的任何一次立法规划之中。

二、实效分析

立法本身不是目的，立出来的法得到有效的实施才是目的。[③]《全民所有制工业企业法》亦然，这就涉及《全民所有制工业企业法》这部法律的实效问题。

所谓法律实效，又称法律的成效，是指发生法律效力的法律规范在实际上被执行、适用和遵守的情况。[④]

2013 年 3 月 10 日，根据国务院机构改革和职能转变方案，实行铁路政企分开。将铁道部拟定铁路发展规划和政策的行政职责划入交通运输部；组建国家铁路局，由交通运输部管理，承担铁道部的其他行政职责；组建中国铁路总公司，承担铁道部的企业职责；不再保留铁道部。2013 年 3 月 14 日，《国务院关于组建中国铁路总公司有关问题的批复》（国函〔2013〕47 号）正式下发。批复的第二条："中国铁路总公司是经国务院批准，依据《中华人民共和国全民所有制工业企业法》设立，由中央管理的国有独资企业，由财政部代表国务院履行出资人职责，交通运输部、国家铁路局依法对公司进行行业监管。"2013 年 3 月 17 日，中国铁路总公司正式挂牌成立。[⑤]

中国铁路总公司的成立这一经济生活中的大事向人们提示这部法律的存在。但是，在此之前的调研中，涉及是否知道《全民所有制工业企业法》这一问题的调查结果显示，绝大多数人尚不知道有这样一部法律，反应了这部法律脱离我国经济生活的实际状态。见表 7：

---

① 参见全国人大常委会法工委立法规划室：《中华人民共和国立法统计》，中国民主法制出版社 2008 年版，第 299—324 页。

② http://www.npc.gov.cn/wxzl/gongbao/2008-12-26/content_1467452.htm，2013 年 8 月 20 日访问。

③ 刘莘：《论立法》北京大学出版社 2008 年版，第 248 页。

④ 沈宗灵主编：《法理学》（第二版），北京大学出版社 2004 年版，第 371 页。

⑤ 资料来源：http://www.gov.cn/zwgk/2013-03/14/content_2354218.htm，2013 年 8 月 20 日访问。

表 7　《全民所有制工业企业法》调查问卷——问题 3（单选）

问题：您是否知道我国的现行法律《全民所有制工业企业法》？	
选择项	选择的比例
A. 知道	1.6%
B. 不知道	90.8%

三、没有效用的法律

《全民所有制工业企业法》的制定，在中国新、旧体制转轨的关键时刻，起到了前所未有的、多方面的、独特的历史作用。这一点，在我国的立法史上，书写了庄重的一笔。但这仅是问题的一方面，另一面我们又不能不辩证地、历史地看到，《全民所有制工业企业法》毕竟是一定历史阶段的、尝试性的产物，由于多方面的原因，它不可避免地带有较多的历史局限性。这些历史局限性，在它付诸施行的初期，或者实际上形同虚设的情况下，还不可能呈现出来，或者表现得不甚明显。但是，随着历史条件的改变，以及改革开放政策的深化推行，潜存于其中的诸多缺陷与不足，都相继一一暴露出来。如前所述，《全民所有制工业企业法》自身具有的先天不足——立法指导思想和立法技术的局限性，加之后天适用范围的挤压——立法的经济基础已经改变、上位法修改、同位法的完善，被誉为经济法中的"龙头法"，有的还称为"工业宪法"的《全民所有制工业企业法》，从颁布之时就遭遇难以执行的问题，随后多年处于闲置状态。

一个法律制度，如果跟不上时代的需要或要求，而且死死抱住上个时代的只具有短暂意义的观念不放，那么显然是不可取的。在一个变幻不定的世界中，如果把法律仅仅视为是一种永恒的工具，那么它就不可能有效地发挥作用 [①]

《全民所有制工业企业法》的种种缺陷与不足，有的是技术性、枝节性的，有的则属观念性、实质性的。前者妨碍了它的实际操作，或者说扭曲了它的实践运作形态；后者阻碍了它的贯彻落实，破产机制因此而没能真正形成，造成了破产法的虚置状态。这种种缺陷与不足，结合、交叉在一起，相互影响，相互作用，已经对企业破产法应有效用的发挥形成了实实在在的障碍，使之无法在市场经济的洪流中大显身手，反而显得捉襟见肘，漏洞百出。因此，笔者以为，《全民所有制工业企业法》已经完成了它明确经济体制改革目标，促进观念转化的历史使命，现在迫切

---

① 　Welter Gellhem: The Legisletive and Administrtive Response to Stability and Change. 17 Vanderbilt Law Review 91. (1963).

需要制定一部完全适应市场经济发展的，富有操作性的调整国有企业的法典。换言之，《全民所有制工业企业法》的彻底修改或者重新制定，在中国现今日趋繁盛的市场经济背景下，已显得刻不容缓。

任何一个部门法都是特定历史时期的产物，它是适应当时社会经济发展需要而产生的。在社会经济发展变化时，法律法规的主要内容就可能不再适应社会经济的发展状况了。在这样的情形下，如果通过法的修改不能够达到目的，就需要对该法宣布废止，重新创制新的法律，从而使旧的法律内容被新的法律内容所取代。[①]

《全民所有制工业企业法》这部法律事实上摧残现实，增加了现实的不确定性，强化规则与事实之间的乖张，最终使得法律失去规范人事而服务人世的功用与价值，已经接近僵局，但是仍然没有从程序上消灭，为了维护我国社会主义法律体系的科学性和严肃性，个人建议全面修改《全民所有制工业企业法》或废除该法。

第二节 具体建议——废止《全民所有制工业企业法》

就像俄罗斯人可以在一夜之间打碎旧的中央计划体制，却不可能在一夜之间建立新的法治体系，转型之难，不在于打破旧体系，而在于建立新制度。

市场的有效运行离不开制度的支持。市场经济以自愿的交易为基础，交易即产权的交换，交易顺利完成的前提是产权的界定和保护。若无产权保护，市场就有可能变成战场，抢劫和欺骗将取代互利的计算，成为配置资源的主要方式。若想防止暴力配置资源，社会必须保护产权和保证契约的执行，这就需要一个完善的法律体系。法律的作用是惩罚侵权者和违约者。

法律如同核武器，并不天天使用，也没有必要天天使用，法律通过威慑也就是预期违约成本阻止违约的企图，法律系统自身的公信力（Creditability）因此就格外重要。纸面上的法律条文是否严谨，立法和执法者的态度是否虔诚、承诺是否庄重，对法治的公信力没有实质性影响，决定公信力的是法律系统与政府的关系，以及公众的权利和法治意识。为了保证公正性，法律系统必须独立，既独立于政府，亦独立于公众，政府不得干预司法程序，民情舆论亦不得影响法庭判决。公众的权利意识和法治意识是法治的基础，公众要懂得依法捍卫自己的权利，抵制政府及其他社会集团对自己权利的侵犯。公众的法治意识越强，从人治到法治的社会转型就越快。

---

① 江全胜、金玄武："论立法后评估回应之法的废止"，载《北京行政学院学报》2009 年第 5 期。

　　无论是计划经济还是市场经济，都需要宏观调控，但两者在性质上、方式上和效果上都存在明显的差别。随着我国从计划经济向市场经济转换，宏观调控则由直接转向间接，转向服务性、引导性和必要的干预。[①]

　　从市场经济和法治的关系看问题，就不难理解，为什么俄罗斯"大爆炸"式改革的短期结果是产出的下降和腐败的盛行，原因不在于私有化，而在法治体系和法治观念的缺失。俄罗斯人可以在一夜之间打碎旧的中央计划体制，却不可能在一夜之间建立新的法治体系，因为新体制需要政府角色的转变以及民众观念的转变，而这些转变都不是短时间内能够完成的。资产虽然私有化了，通过契约实现的自愿交易却不能立即展开，靠什么保护私有产权？靠什么保证合同的执行？新旧制度交接之际，社会出现权威真空，资产的未来看上去充满了不确定性，理性的个人和企业管理者选择出售刚分得的资产，回收现金，而不是经营这些资产。企业的设备被拆下来按件甚至按重量出售，生产能力遭到破坏，产出下降。就配置资源而言，没有法治的市场可以比中央计划的效率还低，强势政府干预于是获得了民间的同情，但也由此将经济转型引上了歧途。

　　俄罗斯的教训告诉我们，私有化仅仅是经济转型的起点而非终点，私有制仅仅是市场有效运行的必要条件而非充分条件。普京所代表的"新权威主义"可以填补旧体制留下的真空，但历史多次证明，与新权威对经济和社会转型的危害相比，它所实现的暂时秩序和繁荣很可能是得不偿失的。

一、废止《全民所有制工业企业法》的急迫性

（一）修改《全民所有制工业企业法》的难度

　　由于制定时的经济基础已经改变，所依据的上位法《宪法》也做了重大修订，关于市场主体的《公司法》、《破产法》，关于主体财产的《物权法》、《企业国有资产法》等等法律部门齐全，法律体系完善。《全民所有制工业企业法》整部法律基本处于闲置状态，如果修订该法，《全民所有制工业企业法》共69条，可能每一条都得修改，这样的全面改动无异于重新立法。

　　所以，有学者指出：在确立与市场经济体制相符合的企业组织立法体系之后，形成于计划经济时期的所有制企业立法的多数规定已经失去价值，甚至有些立法整体性失去价值，如《乡村集体所有制企业条例》、《城镇集体所有制企业条例》与《私

---

　　① 张文显：《法理学》（第2版），高等教育出版社2003年版，第437页。

营企业暂行条例》等，在整体上应该被废止。《全民所有制工业企业法》的大部分内容严重落后于市场经济的发展需求，还有一些关于国有资产保护、监管的规定，应该被整合到其他立法部门。[①]

（二）修改《全民所有制工业企业法》的价值分析

从宏观看，一国的企业法律制度是以一国现行的企业法为基石进行构架的。如果可能修改《全民所有制工业企业法》，那么，《全民所有制工业企业法》与《公司法》都是有效的法律，我国的企业法制就如同现在一样，存在完全不同的立法模式：以所有制和行业标准进行的传统立法模式和以资本构成、责任形式、组织形式为标准的现代企业立法模式，分别依照这两种法制设立的企业都进入市场，展开竞争，一旦发生纠纷，其必然的结果就是：同一法律关系的双方，各自适用不同的法律，得出不同的结果。这有违法律面前人人平等的宪法原则，违背法治精神。

一个国家的法律制度应该严格遵守法制统一的原则，而我国现行的双轨并行的企业法律制度有交叉，有冲突，体系混乱，效率低下。这与我国建立统一、开放、竞争有序的社会主义市场经济极不适应。[②]

从微观看，两种制度并存，国有企业改制不改制都是合法的。国有企业实行公司制改制不是强制性的，取决于企业的自愿选择。笔者在调研中发现，受访的国有企业领导中，很少愿意依照《公司法》进行改制，因为，如果不改制，则国有企业领导人都由相应级别的组织部们任免，具有一定的行政级别，工资待遇和退休待遇和公务员一样稳定而优厚；如果完全依照《公司法》改制，那么就依照《公司法》的规定产生董事长等人选，而且董事长没有级别，工资待遇可能完全市场化，退休也纳入养老保险，保障较低。

譬如南方电网有限责任公司，从名称看应当是现代公司，笔者调研发现，南方电网有限责任公司实则为国有企业。国家发改委的批复文件规定：中国南方电网有限责任公司是以广东省、海南省电网资产，以及国家电网公司在广西、贵州、云南所属电网资产为基础组建的国有企业。主要成员单位包括广东电网公司、广西电网公司、海南电网公司、贵州电网公司、云南电网公司、南方电网公司超高压输变电公司6个电网运营企业，以及鲁布革电厂、天生桥二级电站、广州抽水蓄能电厂3个发电企业。中国南方电网有限责任公司组建后，要依照《公司法》等有关规定逐

① 李建伟：《中国企业立法体系改革——历史、反思与重构》，法律出版社2012年版，第46页。
② 孙晋：《中国企业法律制度的演进与变革》，中国社会科学出版社2011年版，第268页。

步进行改组和规范，加快建立现代企业制度。

但是访谈材料显示：中国南方电网公司成立于 2002 年底，经营范围为海南、贵州、云南、广东、广西五省区。公司总部设有 13 个部局，5 个中心 3 个分公司，广东、广西、云南、贵州、海南电网公司和南方电网国际公司 6 个全资子公司，控股南方电网财务公司、鼎和财产保险股份有限公司；职工总数 27.3 万人。可是，南方电网公司作为是国务院计划单列副部级单位，治理结构的形成比较特殊。在参与南方电网有限责任公司重组的 5 省区 6 家公司中，广电集团的资产占了逾 70%，但广东省政府并没有取得"控股"的股东地位。在重组的安排中，广东省把广电集团的资产以"租赁"的形式而不是投资入股的形式由南方电网公司经营，南方电网有限责任公司并未按《公司法》的规定改制或重组。而且其公司章程关于公司的组织机构的规定："公司董事为自然人。董事会由全体董事组成，成员为 7 人，其中，广东省 2 名，海南省 1 名。人事管理按国家有关规定进行。"[①] 即南方电网有限责任公司的组织机构也不是依照公司法产生，事实上，在组建后的人事安排中，云南电网和广西电网等几个最为重要的子公司都换上重组前南方电网公司的人马。现在的南方电网公司的法定代表人、董事长，正是前南方电网公司的总经理，由中央组织部任命。

南方电网在重组前的资产远在云南电力集团和广西电力公司之后。国务院发展研究中心一位不愿具名的专家认为：从资产的比例和对称性来说，由这样一个小的公司在 5 省区重组至少 3 家比它大的公司并不理想，因为它在公司的发言权并不是天然的，而是需要一种力量赋予它。[②] 笔者认为，这种力量不应该是中央组织部，而应该是《公司法》。

南方电网有限责任公司这一个案揭示的问题在于：这样的国有企业既存在治理结构的问题，又凸显参与市场竞争的正当性问题，而我国这样的国有企业还不在少数。

正如顾功耘教授所言：《全民所有制工业企业法》和《公司法》都有效，必然带来一种非常不合理的现象，同是具有法人资格的有限责任公司，则可以由当事者自己选择适用法律《全民所有制工业企业法》或《公司法》，同样的行为可以在法律上形成不同的结果。

顾功耘教授指出，《公司法》作为企业组织的基本法，既然已经在全国境内发

① 资料来源：国家能源局网站，http://www.nea.gov.cn/2011-08/17/c_131054306.htm，2013 年 9 月 18 日访问。

② 资料来源：江门新闻网，http://www.jmnews.com.cn/c/2005/02/23/03/c_513048.shtml，2012 年 7 月 6 日访问。

生效力，就应当统一适用。而现在的实际情况是，国有企业改制不改制均可在法律上找到依据，《公司法》可以执行也可以不执行。①

鉴于修改《全民所有制工业企业法》的可行性和价值分析，笔者认为修改《全民所有制工业企业法》是耗时费力、得不偿失的工作。而且，修改《全民所有制工业企业法》会加剧企业法制的不统一。因此，建议全面废止《全民所有制工业企业法》。

二、废止《全民所有制工业企业法》的障碍

（一）设立国有企业的思维惯性

2013 年 3 月 10 日，根据国务院机构改革和职能转变方案，我国实行铁路政企分开。将铁道部拟定铁路发展规划和政策的行政职责划入交通运输部；组建国家铁路局，由交通运输部管理，承担铁道部的其他行政职责；组建中国铁路总公司，承担铁道部的企业职责；不再保留铁道部。2013 年 3 月 14 日，《国务院关于组建中国铁路总公司有关问题的批复》（国函〔2013〕47 号，以下称《批复》）正式下发。② 2013 年 3 月 17 日，中国铁路总公司正式挂牌成立。

《批复》第二条："中国铁路总公司是经国务院批准，依据《中华人民共和国全民所有制工业企业法》设立，由中央管理的国有独资企业，由财政部代表国务院履行出资人职责。"

可以说，一方面，中国铁路总公司的成立给了《全民所有制工业企业法》存在感。另一方面，《全民所有制工业企业法》也给国有企业的设立提供了惯性通道。

根据此条规定，国家铁路总公司名为公司，实为非公司企业，因为国家铁路总公司并不是依照《公司法》设立的公司，而我国《公司法》明文规定依照《公司法》设立的股份公司和有限公司才是公司，公司有独立的财产和独立的责任。

《批复》第四条规定："中国铁路总公司注册资金为 10 360 亿元人民币，不进行资产评估和审计验资，实有国有资本数额以财政部核定的国有资产产权登记数额为准。"

值得注意的是，此条同时使用的是"资金"和"资本"，注册资金不同于注册资本，而且实有资本不一定是 10 360 亿元人民币，具体多少以财政部核定的数目为准。那么进行企业登记时，究竟登记哪个数据，那个数据是中国铁路总公司的注册资本？

---

① 顾功耘："《公司法》修改与公司法律制度的完善"，载《法学》2004 年第 7 期。

② 资料来源：http://www.gov.cn/zwgk/2013-03/14/content_2354218.htm，2013 年 3 月 14 日访问。

一旦参与国际贸易，发生纠纷，责任资本的范围是多大？如何认定其分公司和子公司与总公司之间的法律关系？如何分清各自的责任？没有法律依据，也许会重蹈20世纪90年代中远集团在国际贸易中的覆辙。

《批复》第五条："中国铁路总公司的领导班子由中央管理；公司实行总经理负责制，总经理为公司法定代表人。"

这一规定，与一般的公司不同，铁路总公司的高管是中央政府直接任命。对中央政府负责，不对财政部负责，也不对交通运输部负责，更不对铁路公司负责。这样的企业高管产生方式，在国有企业比比皆是，譬如南方电网有限责任公司也是国有企业，但是，董事长由中组部任命。

这种权责利完全不相对应的设置，不仅难以保障董事长或总经理旅行勤勉义务或忠实义务，而且容易滋生腐败。如此设立的大型国企的管理者特别是高层管理者一般都具有双重身份，既是企业的董事长、总经理，又具备行政编制、级别及党内职务，有的还有人大代表、政协委员头衔。与其他类型企业相比，国有企业管理者更容易获得体制内的许可、批文等。国有企业的管理层所受到的约束既不是来自市场，也不是来自企业内部，而是来自政府主管部门，由上而下的任命制使得工会监督、人民监督有名无实。这就导致国有企业的管理者的主要行为目标与一般企业的管理层主要行为目的相去甚远。"维上、求稳"是其着重考虑的因素，而不以获得利润为主要目的或者服务社会为目的。国有企业缺乏资本运营的概念，在资金问题上和银行现行关系破坏了市场经济的游戏规则，并使我国金融系统祸根深种。企业效益低下、大量权钱结合的腐败现象丛生。并且，很多管理层由政府官员转任而来，缺乏经济学的基本知识、企业管理能力和风险规避意识，在企业重大决策、谈判中由于失误而造成了损失，这也可认为是失职造成的腐败。[①]

根据《批复》第六条铁路总公司既可以经营铁路运输等业务，又可以投资到其他领域，和其他市场主体竞争，以实现国有资产保值增值。[②]既是服务公共交通的企业，也是营利性企业，国有铁路总公司自成立之日起，就同时肩负两个互不相容的使命。《批复》第六条直接法律依据就在《全民所有制工业企业法》第三条，该条规定："企

---

①　华凌志："国有企业腐败的原因、特性及其治理——以政府与市场的关系为分析视角"，载《理论探讨》2015年第1期。

②　《批复》第六条："中国铁路总公司为国家授权投资机构，和国家控股公司，财务关系在财政部单列并依照国家有关法律和行政法规，开展各类投资经营业务，承担国有资产保值增值责任，建立健全公司的财务会计制度。"

业的根本任务是：根据国家计划和市场需求，发展商品生产，创造财富，增加积累，满足社会日益增长的物质和文化生活需要。"

接下来，《批复》用三个条文集中赋予铁路总公司享受财政补贴和税收优惠的同时，还可以投资其他产业，和其他企业竞争，为自己留利。[①] 这三个条文与第六条一脉相承，基于国有铁路总公司肩负多重使命，不得不在放之市场，使其参与市场竞争的同时，又从财政和税收等方面进行扶持。这种矛盾的态度也体现在《批复》的第十一条。[②] 国有企业改革发轫于放权让利，经过利改税、承包经营责任制，直到实行现代企业制度等，一直围绕微观的激励和企业的内部治理机制苦苦探索。这些改革背后的思路也认识到了国有企业绩效低下和传统治理结构之间的共生性。[③]

组建中国铁路总公司的目的是为了深化铁路管理体制改革、实现政企分开、推动铁路建设和运营健康可持续发展，然而，《批复》显示，铁路总公司的设立到运行都有强烈行政干预的色彩，《批复》折射出来的问题值得法学界深思：改革开放30多年，政府对于经济、市场、企业的干预惯性依然存在，急刹车也许会带来更多的问题。这也是废除《全民所有制工业企业法》的障碍所在。

以铁路总公司为代表的新生国有企业设立、运行能否成功，能不能实现党的十八届三中全会提出的坚持和完善基本经济制度、加快完善市场经济体系建设，[④] 不仅取决于国有企业设立的主观愿望和最终目标，而且依赖于一开始时选择的路径，即使当时设立国有企业目标是清楚的，方向也是正确的，但是，如果在设立的法律依据的选择上有一些细微的差别，在后期的发展中，国有企业会按设立时法定的逻辑，偏离原来的目标，驶入到远离原来的设计目标的另一种路径中。这就是俗话所说的"差

---

①　《批复》第七条："在保证有关企业合法权益和自身发展需要的前提下，公司可集中部分国有资产收益，由公司用于再投入和结构调整。"《批复》第八条："建立铁路公益性运输补贴机制。研究采取财政补贴等方式，对铁路公益性运输亏损给予适当补偿。"《批复》第九条："中国铁路总公司组建后，继续享有国家对原铁道部的税收优惠政策，国务院及有关部门、地方政府对铁路实行的原有优惠政策继续执行，继续明确铁路建设债券为政府支持债券。对企业设立和重组改制过程中涉及的各项税费政策，按国家规定执行，不增加铁路改革成本。"

②　《批复》第十一条："中国铁路总公司组建后，要强化安全管理，提升服务质量，提高运输效率和效益，不断增强市场竞争力。要继续深化铁路企业改革，按照建立现代企业制度的要求，推进体制机制创新，逐步建立完善的公司法人治理结构，不断提高管理水平和市场竞争力。"

③　林毅夫："自生能力和国企改革"，载《经济研究》2009年第1期。

④　《中共中央关于全面深化改革若干重大问题的决定》提出："推动国有企业完善现代企业制度。国有企业属于全民所有，是推进国家现代化、保障人民共同利益的重要力量。国有企业总体上已经同市场经济相融合，必须适应市场化、国际化新形势，以规范经营决策、资产保值增值、公平参与竞争、提高企业效率、增强企业活力、承担社会责任为重点，进一步深化国有企业改革。"

之毫厘，失之千里"。所以，有学者指出：在我们的改革工作里，常常会出现这样的情况。例如价格改革的重要目标，是实现竞争性部门价格的自由化，但是考虑到其他方面（主要是部分国有企业）条件尚不具备和保护它们的既得利益，采取了双轨并存、逐步过渡的办法，采取这种办法，一方面固然使人们易于接受部分放开价格的措施，另一方面却由于部分人可以从商品和要素的双轨价格中得到巨额租金而形成某种力图保持甚至扩大这种寻租环境的压力集团，形成对彻底改革价格制度的阻力。[①] 铁路总公司的设立暴露出类似的问题。

党的十七大报告把转变经济发展方式提到了前所未有的高度，认为转变经济发展方式，是关系国民经济全局紧迫而重大的战略任务。而且党的十八大上对这个问题做出了新的更加全面和充分的表述，指出加快转变经济发展方式是关系我国发展全局的战略抉择。很明显，对于转变经济发展方式，十八大的认识大大深化了：经济发展方式的转变已经不仅仅关系到"国民经济的全局"，而是关系到"我国发展全局"。这种表述语的变化说明了转变经济发展方式问题的紧迫性和重要性。但也必须看到转变经济发展方式在实践中具有的难度，如十八大报告坦率指出的：制约科学发展的体制机制障碍较多，深化改革开放和转变经济发展方式任务艰巨。

必须看到，转变经济发展方式不能仅仅在调整经济结构和经济体制改革上下功夫，它已经超出了经济本身的范畴，涉及了更加广阔和深入的社会和政治层面：从理论上说只用经济学的方法去分析是有缺陷的，看不到问题的真相和实质，从实践上说只用经济的方法既解决不了经济问题，更不能解决社会问题，仅仅追求经济的增长或者技术的创新，并不能直接带来稳定的公平的社会秩序。经济发展的方式实际上受到政治体制和社会结构的支配和制约，没有政治体制改革的配合和社会结构的深入调整，经济发展方式的转变将是困难的，只有及时地进行政治体制改革和广泛的社会建设，才能逐步实现转变经济发展方式的任务。[②] 这种广泛的社会建设必然包含法律制度的建设、国有企业改革不能游离于法律制度之外，相反，需要有力的保障，国有企业改革才能够有条不紊地进行。

（二）现存国有企业的路径依赖问题

达尔文主义认为，在历史进程中，无效的制度会被扬弃，有效的制度会被保留下来，因此，有效的经济、政治与社会组织形式是逐渐演进来的。然而，这种理论

---

① 吴敬琏："路径依赖与中国改革——对诺斯教授讲演的评论"，北京大学中国经济研究中心编《经济学与中国经济改革》1995年版，第12页。

② 刘智峰："论政治体制改革是转变经济发展方式的关键"，载《新视野》2013年第6期。

上的乐观预言与历史现实却大相径庭。那么，为什么相对无效的制度会得以持续？是什么妨碍了历史对更有效的制度的选择呢？诺思认为，关于路径依赖的理论能够为上述问题的解答提出一个新的视角。诺斯指出，在制度变迁中，存在着报酬递增和自我强化的机制。这种机制使制度变迁一旦走上某一路径，它的既定方向会在往后的发展中得到自我强化。所以，"人们过去作出的选择决定了他们现在可能的选择"沿着既有的路径，经济和政治制度的变迁可能进入良性循环的轨道，迅速优化；也可能顺着原来的错误路径往下滑；弄得不好，它们还会被锁定在某种无效率的状态之下。一旦进入了锁定状态，要脱身而出就会变得十分困难。[①]

正如诺斯所言，路径依赖对变革起制约作用。我国现有国有企业的成立、运行的法律依据就是《全民所有制工业企业法》。如果废除《全民所有制工业企业法》，这些国有企业就的存在和运营都面临合法性问题。

尽管制度变迁存在着严重的路径依赖，但也并不意味着人们在路径选择中就无所作为。因为沿着特定演进方向的每一个阶段都存在着不同的选择（政治的和经济的），而且这是真实的、实际的选择。[②]

对所有愿意取得高效率现代化经济发展的国家来说，仍然面临着彻底地、完全地重新构造我们社会的两难处境。诺斯指出："从短期看，集权政府可以取得高的经济增长率。在长期看，法制、保证合同执行的制度规则才是真正保证长期经济发展的至关重要的因素。"[③]

正如诺斯所说，既有方向的扭转，往往要借助于外部效应，引入外生变量或依靠政权的变化。在《制度、制度变迁与经济绩效》中，诺斯运用这一套分析框架，深刻剖析了英属北美和西属拉丁美洲、英国和西班牙的历史殊途的形成原因。西班牙和英国在 17 世纪都遇到了财政危机，都设法采取与选民对话的方式来克服困难，但是工作做到最后却得到差异极大的结果：英国确立了议会的权威和民法体系，并在此基础上迅速走上了繁荣昌盛的道路；西班牙则一直保持着集中的王权，议会只被当作可有可无的摆设。在后一制度下，人们虽然面对人所共知的种种弊端，改革只在细枝末节上实现，例如，贵族废弃了带褶皱的衣领。在现有制度范围内实行的克服财政危机措施是实行价格管制，增加税收和一再把商人的资产没收为国有。这

---

①　道·诺斯："制度变迁理论刚要"，载《改革》1995 年第 3 期。
②　韩毅："'路径依赖'理论与技术、经济及法律制度的变迁"，载《辽宁大学学报》（哲学社会科学版）2010 年第 5 期。
③　道·诺斯："制度变迁理论刚要"，载《改革》1995 年第 3 期。

些做法导致了西班牙将近三个世纪的经济停滞并使它由一个西方世界的头等强国降为二流国家。

与西班牙形成对照的是英国的制度改革，在 18 世纪末期，英国在北美的殖民地和西班牙在拉丁美洲的殖民地几乎同时取得了独立。诺斯分析认为：英国和西班牙 17—19 世纪发展过程的差异，主要源于它们所由以出发的初始制度条件极不相同。[①]

路径依赖理论不仅在经济研究和制度变迁分析中大显身手，在政治学、法学、历史学和社会学等学科中也颇受青睐。美国波士顿大学法学院教授欧纳 A·哈萨维（Oona A. Hathaway），应用路径依赖理论对普通法环境下的法律变迁进行了规范性分析，提出了普通法环境下法律变迁中路径依赖的三种模式，为路径依赖理论在法律制度变迁和历史的法与经济学中的应用，提供了新的思路和范例。哈萨维研究指出，在普通法环境下，法律变迁的进路是具有路径依赖性的。她指出，形成普通法环境下法律变迁路径依赖进路的原因，正是普通法最基础的规则——遵循先例规则。[②]

如果说，普通法系环境下法律变迁的路径依赖进路的主要原因在于遵循先例规则，那么，成文法系环境下的情况就复杂得多。不仅法律变迁的进路是具有路径依赖性的，更主要在于现有主体的法律适用问题。我国国有企业改革面临路径依赖的问题，是不言而喻的。这就是说，第一，因为沿着既有的《全民所有制工业企业法》确立的国有企业运营的路径和既定方向往前走，总比另辟蹊径要来得方便一些，这也许可以解释我国铁路总公司依照《全民所有制工业企业法》成立，而不是依照《公司法》成立的原因。所以，初始的体制选择会提供强化现存体制的刺激和惯性。第二，一种体制形成以后，会形成某种在现存体制中有既得利益的压力集团。他们力求巩固现有制度，阻碍进一步的改革，哪怕新的体制较之现有体制更有效率。笔者和几个国有企业的领导的访谈资料可以印证这一判断。即使由于某种原因接受了进一步变革，他们也会力求使变革有利于巩固和扩大他们的既得利益。于是，初始的改革倾向于为后续的改革划定范围。就像在电脑资料库中存取文件时，访查范围是由初始的路径选择决定的。如果路径已经选定了 A 驱动器，就只能沿着 A 盘—A 盘中的某一子目录—存于该子目录中的文件的路径访查文件。如果要想访查在 C 盘上某一

---

① 吴敬琏："路径依赖与中国改革——对诺斯教授讲演的评论"，北京大学中国经济研究中心编《经济学与中国经济改革》1995 年版，第 12 页。

② Hathaway, Oona A. the Path Dependence in the Law:The Course and Pattern of Legal Change in a CommonLaw System, Iowa Law Review,January,2001.

子目录中的文件，必须首先退出 A 驱动器，进入 C 驱动器，然后选取该文件所属于目录，最后才能找到该文件。[①] 所以，依据《全民所有制工业企业法》成立的铁路总公司的领导人产生机制也不同于一般商业公司，内部管理机构的设置企业的监督机制等等都完全不同于一般商业公司。

我国国有企业改革一开始就设想把国有企业改造成为独立的商品经营者。《全民所有制工业企业法》第二条规定："所有制工业企业（以下简称企业）是依法自主经营、自负盈亏、独立核算的社会主义商品生产和经营单位。"这个目标大体上是不错的。立法也充分体现了这一改革思路。

但是在 70 年代末期改革时，为了有利于推行，采取了在原有企业制度不做根本改变的条件下"放权让利"的办法。这种做法在当时的确得到了人们的欢迎，但是一旦选取了这一路径，放权让利便以要求进一步放权让利的形式自我强化。其结果是形成了目前这种一方面企业受到各类上级机关的多方面干预，缺乏应有的自主权，另一方面在企业治理结构上对"内部人控制"失去控制的局面。其他方面的改革也有类似的情况。[②]

所以由此可以得出的结论是，在整个改革的历程中，以为既然建立社会主义市场经济的目标是明确的，大方向是正确的，只要不断地"改"下去，或迟或早总会实现既定的目标，然而，这种判断不能说是正确的。

事实上，如果某一个措施有某种偏差，它会对后续改革带来困难，造成某种"南其辕而北其辙"的现象，甚至会使改革走入死胡同，"锁定"在某种无效率的体制之中。因此，经济学家吴敬琏指出：我们在做出任何一项改革决策时，都要慎之又慎，不仅要考虑将要采取的措施的直接后果，还要研究它的长远影响。不要因为取得某些短期效果造成对下一步改革的障碍。在我国过去的改革中，常常使用的给试点单位"吃偏饭"、"给特殊政策"的做法。这种做法就往往在取得短期效果的同时，陷于长期的被动。《全民所有制工业企业法》的很多条文都附有"国务院另有规定的除外"，这一立法规定就有给特殊政策的、特别照顾的可能，所以针对这一立法现象，前述多数受访者的选择是比较理性的。

---

① 吴敬琏："路径依赖与中国改革——对诺斯教授讲演的评论"，北京大学中国经济研究中心编《经济学与中国经济改革》1995 年版，第 13 页。
② 吴敬琏："路径依赖与中国改革——对诺斯教授讲演的评论"，北京大学中国经济研究中心编《经济学与中国经济改革》1995 年版，第 13 页。韩毅："'路径依赖'理论与技术、经济及法律制度的变迁"，载《辽宁大学学报》（哲学社会科学版）2010 年第 5 期。

　　路径依赖理论应用于法律变迁的研究既导致了惊喜的发现，也产生了令人困扰的结论。有迹象表明，当法律规则无法回应已经发生变迁的内在条件时，这一个僵化性将导致无效率。[1] 退出锁定机制也是路径依赖框架重要的部分，外生性变量进入路径依赖框架改变了时间过程，确立了制度路径的开始或结束，[2] 所以，现存国有企业的路径依赖问题可以新的制度设计，改变目前的法律依赖路径。

---

　　① 韩毅："'路径依赖'理论与技术、经济及法律制度的变迁"，载《辽宁大学学报》（哲学社会科学版）2010 年第 5 期。

　　② 段宇波、侯芮："作为制度变迁模式的路径依赖研究"，载《经济问题研究》2016 年第 2 期。

第六章　国有企业的类型化及其法律规制

第一节　国有企业改革的 30 多年经验和教训

从 1949 年新中国成立到 1978 年改革开放前，国有经济的扩张几乎达到了极限。由于国有企业只是政府的附属物，是政府直接配置资源实现其带动经济增长的工具和手段，其运作机制同政府几乎没什么不同。结果，国有企业在总量上日益增多，但是，在运行上却日趋僵化。

由于国有企业一方面直接关系到我国工业化、经济增长、国家财政收入等一系列经济问题，另一方面，国有企业还是我国城镇居民就业的主要途径，它的改革关系到社会安定。改革开放以来，我国综合平衡"改革、发展、稳定"三者关系，对国有企业进行慎重的渐进改革，逐步使国有企业走上了良性发展的道路。

一、以"放权让利"为主线的改革阶段（1978—1992）

1978 年党的十一届三中全会拉开了国有企业改革的大幕，国有企业的发展也进入了一个新的历史时期。1978 年 12 月，邓小平在《解放思想，实事求是，团结一致向前看》中专门讲到企业改革的两个重点：一是权力过于集中问题，要扩大企业自主权；二是打破分配上的"大锅饭"问题，企业和职工可以因对国家的贡献不同，而拉开收入分配上的差距。

为完善公有制和计划经济体制以提高企业活力，放权让利、加强企业的责任制成为 80 年代的国有企业改革的重点。"放权让利"的改革是从四川开始的。1978 年

10月，经国务院批准，四川省委、省政府选择了不同行业有代表性的重庆钢铁公司、成都无缝钢管厂、宁江机械厂、四川化工厂、新都县氮肥厂和南充钢厂等地方国有工业企业率先进行"扩大企业自主权"试点改革。改革的主要内容，是逐户核定企业的利润指标，规定当年增产增收的目标，允许他们在实现目标以后提留分享少量利润，作为企业的基金，并允许给职工发放少量奖金。1979年4月，国家经委依照党的十一届三中全会精神，及时地召开扩权试点座谈会，明确提出要扩大国有企业的生产经营权、财权、物资权、外贸权、招工权、奖惩权以及机构设置和干部任免等方面的权力。①1979年7月13日，国务院下发扩大国有企业自主权的5个文件：《关于扩大国有工业企业经营管理自主权的若干规定》、《关于国营企业实行利润留成的规定》、《关于开征国营工业企业固定资产税的暂行规定》、《关于提高国营工业企业固定折旧率和改进折旧费使用办法的规定》、《关于国营工业企业实行流动资金全额信贷的暂行规定》，要求各地区和中央有关部门在工业、交通系统选择少数企业进行扩权试点。1980年1月20日，国务院批转了国家经委、财政部制定的《关于国营工业企业利润留成试行办法》，进一步细化了"让利"的具体办法。在国务院发出扩大企业自主权等5个文件以后不久，全国有26个省、市、自治区在1 590个工业企业中进一步进行试点，加上有些省、市、区按自定办法试点的企业，共为2 100个。到1980年6月，实行扩大企业自主权试点的企业达6 600多个，占全国预算内工业企业数的16%左右，产值约占60%，利润占70%。②试点企业取得的经济效果十分显著。

1979年与1978年相比，工业总产值增长11.6%，实现利润增长15.9%，上缴利润增长12.6%。一般试点企业的产量、产值、上缴利润增长幅度都超过试点前的水平，也高于非试点企业的水平。据4 200多个企业的统计，试点企业的留利水平，占全部实现利润的8.5%。按财政口径，扣除试点前也应得的职工福利、奖励基金两项，则企业所得占增长利润的40.8%。③在扩大企业自主权提高企业激励的同时，由于价格体系尚未理顺，企业经营状况不能科学衡量。在1979年和1980年，我国出现了历史上前所未有的近300亿元的财政赤字，社会零售物价指数1979年上升1.9%，1980

---

①　马家驹主编：《中国经济改革的历史考察》，浙江人民出版社1994年版，第195页。

②　赵德馨主编：《中华人民共和国经济史1967—1884》，河南人民出版社1989年版，第580页。转引自武力文章。

③　胡静林主编：《国有企业改革理论与途径》，经济科学出版社1995年版，第36页。转引自武力文章。

年上升6%。扩大企业自主权的改革开始转向经济责任制的改革。[①]

1981年10月国务院批转国家经委、国务院体改办《关于实行工业生产经济责任制的意见》，指出：所谓经济责任制，首先是企业对国家实行的经济责任制，然后是建立企业内部的经济责任制。随后，1981年11月11日，国务院体改办、国家经委等6部委和全国总工会联合召开了京、辽等5省市经济责任制座谈会，制定了《关于实行工业生产经济责任制若干问题的暂行规定》（以下简称《规定》）。[②]《规定》对进一步实行和完善经济责任制提出了需要注意的一系列问题：正确处理国家、企业、职工个人三者利益的关系。企业利润增长部分，国家所得比例要不低于60%，完不成利润包干任务的，要用企业留用的资金补足。企业的留成资金，必须建立生产发展基金、职工福利基金和奖励基金，奖金的增长速度应低于利润增长的速度，生产下降、利润减少的，职工奖金也应相应减少。实行计件工资、超额计件工资的，要严格掌握条件。[③]《规定》发出后不久，全国各省、市、自治区在所属国有企业中普遍实行了经济责任制。到1982年底，全国实行各种形式经济责任制的企业达到80%以上。由于实行了经济责任制，政府的财政收支矛盾有所缓解。以1982年和1983年的国家财政收入为例，1982年达到1 123.97亿元，比上年增长了3.2%，1983年进一步增加到1 248.99亿元，比上年增长了11.1%。[④]经济责任制与前期实行的"放权让利"相比，政府与企业的关系发生了一些变化。主要体现在政府对企业的控制开始由前期的实物指标向货币性指标转变，使"放权让利"由随意的政策安排开始向制度性安排转变。

1983—1984年，我国先后分步进行了以利改税为核心内容的企业分配制度改革。经过改革逐步把国家与国有企业的分配关系通过税收形式固定下来。克服了企业利润包干的基数和比例很难确定，需要一户一户地核定基数比例所导致谈判成本过高的问题。随着扩大企业自主权改革的深入，1984年5月，国务院发布了《关于进一步扩大国营工业企业自主权的暂行规定》，从生产经营计划、产品销售、产品价格、物资选购、资金使用、资产处置、机构设置、人事劳动管理、工资奖金、联合经营等10方面给予企业更多的权利，进一步放宽了政府对企业的约束。

[①]　章迪诚：《中国国有企业改革编年史》，中国工人出版社2006年版，第61页。转引自武力文章。

[②]　转引自武力文章。

[③]　新华社："国务院批转国家经委、国务院体制改革办公室意见实行工业生产责任制要做好八项工作"，载《人民日报》1981年11月10日。

[④]　财政部综合计划司编：《中国财政统计1950—1988》，中国财政经济出版社1989年版，第12、14页。

1984 年 10 月，党的十二届三中全会通过《中共中央关于经济体制改革的决定》，标志着我国经济体制改革由农村转向城市。《中共中央关于经济体制改革的决定》指出，"要使企业真正成为相对独立的经济实体，成为自主经营、自负盈亏的社会主义商品生产者和经营者，具有自我改造和自我发展的能力，成为具有一定权利和义务的法人"。为硬化企业预算约束，1985 年 1 月起，我国在全国范围内进行了"拨改贷"的改革，把企业长期从财政获得无偿的拨款改为向银行贷款，进一步使企业成为相对独立的经济实体。但由于企业的产权改革没有及时跟上，企业的"投资饥渴症"仍旧存在，为企业过度贷款而导致沉重负担打下伏笔。

由于农村体制改革体现出了"承包制"的力量，在改革的示范效应下，我国做出"承包制"进一步放权让利。在 1986 年进行承包经营责任制试点的基础上， 1987 年 5 月国务院决定全国普遍推广承包经营责任制。当时，促成这一点的还有一个重要因素，1987 年第 4 季度，预算内企业成本比 1986 年同期上升 5%，亏损面增加 40%，财政收入下降 2.3%。① 经过推广，到 1987 年底，在 11 402 户国有大中型工业企业中，实行成本经营责任制的达 8 843 户，占企业总数的比例达 77.6%。承包责任制的推行，是"两权分离"改革理论的应用，在一定程度上提高了企业的活力。

由于承包合同的完成率极高，财政收入从 1985 年以来持续下降的局面得到扭转。1988 年和 1989 年的财政收入增长率分别达到 7.2% 和 13.1%，超过了 1986 年和 1987 年的 5.8% 和 3.6% 的增长率。1988 年承包企业则达到 80%。许多企业改革都是试点在先，而政策在后。1989 年之后，承包制又进行了一些完善。

承包制按照所有权与经营权分离的原则，以承包经营合同形式确定国家与企业"责、权、利"关系，使企业在不改变产权关系的基础上，做到自主经营、自负盈亏的经营管理制度形式。与改革初期的"放权让利"式改革相比，承包经营责任制已经涉及政企分开、企业自主权的法律认可等一系列国有企业深层次的制度问题。但是"承包制"助长了企业的短期行为，企业在短期内向个人分配倾斜，而且随着竞争日益激烈与 1989 年以后外部环境的恶化，一些企业无法完成上缴任务。国有企业的改革仍须进一步深入。

二、以建立现代企业制度为主的改革阶段（1993—2002）

随着放权让利和经营承包制的实行，在 20 世纪 80 年代中期以后，国有企业改

---

① 盖军：《改革开放十四年纪事》，中共中央党校出版社 1994 年版，第 504 页。

革开始涉及企业所有权的问题。为深入探索增强企业活力，在政府的大力推动下，一些企业以建立现代企业制度为目标，开始探索企业产权多元化的改革，主要形式是企业的股份制。

1992年初，邓小平的南方谈话再次掀起新一轮改革热潮，从而为国有企业深化改革提供了良好的政治、舆论与经济环境。1992年10月，中共十四大召开并明确提出，中国经济体制改革的目标是建立社会主义市场经济体制，企业是市场的基本经济单元和竞争主体，从而将企业的市场主体地位与建立社会主义市场经济体制联系起来。

1993年11月，中共十四届三中全会通过了《关于建立社会主义市场经济体制若干问题的决定》，明确指出，我国国有企业改革的方向是建立适应市场经济要求的"产权明晰、权责明确、政企分开、管理科学"的现代企业制度。1993年12月，全国人大常委会第5次会议通过了《中华人民共和国公司法》，依照该法第5条和第7条的规定：公司以其全部法人财产，依法自主经营，自负盈亏。国有企业改建为公司，必须依法转换经营机制，有步骤地清产核资、界定产权、清理债权债务，评估资产，建立规范的内部管理机构。《公司法》的颁布标志着国有企业改革进入了依法建立现代企业制度，全面实施企业产权制度改革的新阶段。据统计，到1997年底，国有企业改造成股份公司的已达上万家，其中在上海、深圳证券市场挂牌的上市公司达到745家。在国家512户重点企业中，已经挂牌上市的占36%；在国家120户试点企业集团中，核心企业已经挂牌上市的占42%；在100户现代企业制度试点的企业，已挂牌上市的占48%。尤其是属于非试点的国有小企业，通过破产、拍卖、租赁、承包经营和股份合作制等多种改革形式，打破了原有的国有企业制度模式。到1997年上半年，实行民营化的国有小企业已占国有小企业总数的50%以上，进展比较快的省份达到75%以上，广东顺德、山东诸城、四川宜宾、河南漯河、河北新乐、黑龙江宾县、浙江兰溪等一大批地、市的国有小型企业已经全部实现了民营化。

随着卖方市场向买方市场转变，短缺经济下旺盛的需求一去不复返。市场竞争日益激烈，使得企业经营体制尚待完善的国有企业面临严峻挑战。自从对国有经济实施市场化改革以后，到20世纪90年代中期，国有企业的效率呈递减之势。特别是企业的亏损额不断增加，亏损率不断上升，由1978年的7.6%，上升到1995年的44.8%。国有企业的净盈利额从1978年的508.8亿元，增加到1995年的665.6亿元，只增长了13.7%。如果扣除通货膨胀因素，十多年来国有企业净盈利不仅没有增加，反而是大幅下降的。而且，1996年1—4月和1997年1—3月，出现了国有工业整体净亏损的状况。①1997 年我国下岗人员总数已超过 1 000 万人，占全部职工的近 8%，其中需要政府提供再就业帮助或生活困难的有 400 多万人。②受到东亚金融危机的影响，导致净出口减少，更加恶化了我国国有企业的生存环境。严峻的形势，迫使我国对国有企业进行更深入的改革。

1997 年党的"十五大"之后，中央多次提出：用 3 年左右的时间，力争大多数国有大中型骨干企业初步建立现代企业制度。我国通过"抓大放小"，加快了控制国民经济命脉的大中型骨干企业的股份制改造。随着试点工作的进行，以产权制度改革为核心的国有企业建立现代企业制度工作，还是在全国各地迅速展开。进入 21 世纪以后，全国的国有企业制度改革已经取得了实质性进展。据国务院国有资产监督管理委员会的数据，截至 2003 年底，全国 4 223 家国有大中型骨干企业中，有 2 514 家通过多种形式改制成为多元持股的股份制企业，改制面近 60%。③国家重点企业中的 2 524 家国有及国有控股企业，已有 1 331 家改制为多元股东的股份制企业，改制面为 52.7%。国有小企业改制面已达到 80% 以上，其中县属企业改制面最大，一些已达 90% 以上。一些中央企业则积极推进法人治理结构的建设，有 19 家企业开展董事会试点，共派出 66 名外部董事，有 14 家试点企业的外部董事达到或超过了董事会成员的半数；中央企业及所属子企业的股份制企业户数比重，已由 2002 年年底的 30.4% 提高到 2006 年的 64.2%。④经过改造后的国有企业进入了一个新的发展阶段。

三、国有经济战略重组阶段（2003 至今）

2002 年 11 月党的十六大报告指出要加快调整国有经济布局和结构，提出"必须毫不动摇地巩固和发展公有制经济。发展壮大国有经济，国有经济控制国民经济命脉，对于发挥社会主义制度的优越性，增强我国的经济实力、国防实力和民族凝聚力，具有关键性作用"。并且提出"继续调整国有经济的布局和结构，改革国有资产管理体制，是深化经济体制改革的重大任务"。国有企业的"兼并重组"、"整合壮大"成为新一轮国有企业改革的目标。

2003 年建立国有资产监督管理委员会，我国对国有企业进行了更为有效的监管。

---

① 吴敬琏等：《国有经济的战略性改组》，中国发展出版社 1998 年版，第 25 页。

② 吕政：《中国国有企业改革 30 年》，中国经济出版社 2008 年版，第 134 页。

③ 国务院国有资产监督管理委员会研究室："坚持国企改革方向规范推进国企改制"，载《人民日报》2004 年 9 月 29 日。

④ 张卓元：《张卓元改革论集》，中国发展出版社 2008 年版，第 125 页。

2003 年 10 月中共十六届三中全会通过的《中共中央关于完善社会主义市场经济体制若干问题的决定》进一步指出："完善国有资本有进有退、合理流动的机制，进一步推动国有资本更多地投向关系国家安全和国民经济命脉的重要行业和关键领域，增强国有经济的控制力。其他行业和领域的国有企业，通过资产重组和结构调整，在市场公平竞争中优胜劣汰。"需要特别指出的是，国务院办公厅于 2006 年 12 月 18 日转发了国资委《关于推进国有资本调整和国有企业重组的指导意见》（简称《指导意见》），明确指出：以后对于军工、石油和天然气等重要资源开发及电网、电信等基础设施领域的中央企业，国有资本应保持独资或绝对控股；对以上领域的重要子企业和民航、航运等领域的中央企业，国有资本保持绝对控股；对于石化下游产品经营、电信增值服务等领域的中央企业，应加大改革重组力度，引入非公经济和外资，推进投资主体和产权多元化。同时，国有经济对基础性和支柱产业领域的重要骨干企业保持较强控制力，包括装备制造、汽车、电子信息、建筑、钢铁、有色金属、化工、勘察设计、科技等行业。这一领域国有资本比重要降低，国有经济影响力和带动力要增强。其中，机械装备、汽车、电子信息、建筑、钢铁、有色金属行业的中央企业要成为重要骨干企业和行业排头兵企业，国有资本在其中保持绝对控股或有条件的相对控股；承担行业共性技术和科研成果转化等重要任务的科研、设计型中央企业，国有资本保持控股。显然，这个《指导意见》秉承了中央一贯的精神，而且使以前的政策更具操作性。

2007 年 10 月 15 日，胡锦涛总书记在党的"十七大"报告中也强调要"深化国有企业公司制股份制改革，健全现代企业制度，优化国有经济布局和结构，增强国有经济活力、控制力、影响力。深化垄断行业改革，引入竞争机制，加强政府监管和社会监督。加快建设国有资本经营预算制度。完善各类国有资产管理体制和制度。"提高国有经济效率，是我国在新的历史条件下，推动新型工业化道路，提升国家产业竞争力，转变经济增长方式的重要力量。经过国有企业的战略调整，目前我国国有企业主要集中在生产上游领域，电信、电力、石油、石化、航运、航空、煤炭行业按照国有资本占有量计算的主业集中度分别为 96.37%、93.99%、92.98%、92.86%、88.3%、80.98% 和 78.10%。2005—2010 年，中央企业资产总额由 10.5 万亿增长到 24.3 万亿，年均增长 18.2%；2010 年美国《财富》杂志公布的世界 500 强企业中，中央企业上榜 30 家，比 5 年前增加 20 家。随着国有企业的战略性重组，我国国有企业已基本实现保值增值。①

---

① 武力、肖翔："中国共产党关于国有企业发展与改革的探索"，载《湖南社会科学》2011 年第 2 期。

四、国有企业改革的经验教训

（一）对国有企业改革的根本问题认识不够清晰

国有企业改革的最终目标走向，与经济体制与政治体制的改革有着密切的关系，只要仍然坚持社会主义的政治体制，国有企业就需要在国民经济中发挥主导作用，控制关键领域和关键行业，而不是仅承担弥补市场失灵的经济功能，更不可能完全从竞争性行业中退出，否则与西方国家的社会经济体制别无二致。这其间的法理，被认为是由社会基本性质决定的：经济基础决定上层建筑，若无足够控制力的国有企业作为社会主义公有制经济的基础，亦将无从实现社会主义的政治目标；若无与西方国家相异的属于全民所有的国有企业，我国的社会属性又与西方国家有何区别，所以有人提出，30多年来的国有企业改革的指导思想需要从政治高度上清晰认识到，一味要求国有企业从竞争性行业中完全退出，让位于民营经济，国有企业仅应在公共产品提供领域发挥作用，这存在极大的理论误区。当然，对于这一问题的争论还会继续下去。

（二）政府的社会公共管理职能与出资人职能尚未完全分开

2003年《国有资产监督管理暂行条例》要求分离政府的社会公共管理职能与国有资产出资人职能，2008年《企业国有资产法》对该问题提出了更明确的要求，但时至今日政府的两项职能远未实现完全分开。履行出资人职责的国资委仍保有很大程度的行政职能，可以通过颁布规范性法律文件对国有资产管理、运营中的相关事项进行规定。其他部委如财政部等仍对一部分国有企业履行出资人职责。这表明国有资产的管理体制尚未统一。当然，《企业国有资产法》的颁布已表明国家在企业立法体系的构建思路上往前迈了一大步，即对于国有企业应当从国有资产管理的角度进行规制，而非从企业法的角度对全民所有制工业企业这一特殊的企业类型进行组织结构、权利义务配置等方面的特殊规制。

（三）未对国有企业进行分类治理

2015年8月《中共中央、国务院关于深化国有企业改革的指导意见》出台前，我国国有企业改革的总体思路是通过股份制、公司化改造建立现代企业制度。这条思路的逻辑前提是把所有的国有企业都假定为营利主体，将其改造成国有独资公司或者国有控股、参股公司，再置于市场经济竞争环境之中，以图提高经营效益和效率，认为完善国有企业监督机制的关键在于构建有效的公司治理结构。但这个前提假设是不成立的，原因在于我国国有企业不仅仅包括具有营利、营业特征的企业，而且还涵盖了以公益性为主、营利性较弱的公用企业，两者的功用迥异，现存国有企业的营利性有一个从弱至强的渐变过程，国有企业改革对此不加区分而以统一路径进行改革是不够理性的，也造成了国有企业改革过程中的诸多困惑。① 这一问题已经引起足够重视。

目前，一些企业市场主体地位尚未真正确立，现代企业制度还不健全，国有资产监管体制有待完善，国有资本运行效率需进一步提高；一些企业管理混乱，内部人控制、利益输送、国有资产流失等问题突出，企业办社会职能和历史遗留问题还未完全解决；一些企业党组织管党治党责任不落实、作用被弱化。针对这些问题，2015 年 8 月《中共中央、国务院关于深化国有企业改革的指导意见》根据国有资本的战略定位和发展目标，结合不同国有企业在经济社会发展中的作用、现状和发展需要，将国有企业分为商业类和公益类。通过界定功能、划分类别，实行分类改革、分类发展、分类监管、分类定责、分类考核，提高改革的针对性、监管的有效性、考核评价的科学性，推动国有企业同市场经济深入融合，促进国有企业经济效益和社会效益有机统一。

有学者认为，国企改革的当务之急不是全面推进公司化和商业化，而是在有限政府、分权制衡和保障公民权利等法治维度下，重新界定国家所有权在市场经济框架内的目标和职能，区别不同目标的国企给予不同的政策和法律待遇。对于为社会或者政治目标服务的国企，国家应保留所有权、给予财政支持并按照行政机构的治理模式（而不是商业性公司的治理机制）严加监管；对于身处竞争行业、具有营利或商业目标的国企，国家应当分离并承接其原有的社会职能（例如提供职工福利甚至暂时缓解当地失业压力），通过适当的方式（包括公司化和股份化），使国家所有权在充分公开信息和遵循公正程序的前提下尽早退出企业。②

第二节　企业本质视角的国有企业类型化

国有企业的质的规定性属于实证性问题。本部分只进行实证研究，不涉及规范性的讨论——国有企业应该是什么。

---

① 李建伟：《中国企业立法体系改革——历史、反思与重构》，法律出版社2012年版，第94—95页。
② 干军："国企改革与国家所有权神话"，载《中外法学》2005 年第 3 期。

一方面，我国国有企业归政府所有，是政府的企业，执行部分政府职能是我国客观存在的事实；另一方面，国有企业也是企业，必须从事生产经营。国有企业的本质涉及政府、国家和人民之间的物质利益关系：政府代表人民行使所有者的权力，所有者有权要求企业为了主人的长远利益从事经济活动，国有企业因此也变为政府的延伸部分——部分政府职能的执行者；国有企业仍然是企业，要生产和经营，也要取得利润。正是在这种意义上，我国目前的国有企业基本都身兼二职。[①]

一、国有企业的本质

党的十八届三中全会以后，我国要建立市场在资源配置中起决定性作用和更好发挥政府作用的市场经济体制，这是一种更加成熟的社会主义市场经济体制，现有国有经济与这种成熟社会主义市场经济体制的要求还有很大差距，这主要表现在由于国有经济改革不到位而产生的各种不适应。其中之一就是是国有经济战略性调整不到位使得国有经济功能定位和布局不适应。国有经济的公共政策性功能和市场盈利性功能还没有区分，许多国有企业在经营中还面临"公益性使命和"盈利性使命"的冲突，处于赚钱和不赚钱两难的尴尬境界——不赚钱无法完成国有资产保值增值、壮大国有经济的目标，赚了钱又被指责损害了市场公平和效率。垄断行业的国有企业改革还不到位，还缺乏一条明确、可信又可行的改革路径。垄断行业的国有企业追求行政垄断地位的行为，影响到构建公平有效的市场经济格局。其二是国有企业的公司制股份制改革没有到位使得国有经济的产权实现形式还存在不适应。[②]

党的十八届三中全会通过《决定》建立市场在资源配置中起决定性作用的健全的社会主义市场经济体制，一方面要提高国有企业活力和适应市场公平竞争的能力，另一方面要提高国有企业服务国家战略目标、提供公共服务的能力。所以，国有企业是企业，但是一种特殊企业；国有企业是法人，但是一种具有特殊性质的法人：如果注重国有企业的营利性一面，减轻其政策性使命，扩大它的生产经营自主权，放宽和改善政府对它的干预管理，则国有企业便更像企业，更接近于一般企业的各项特征；作为法人，它更接近于私法人，社团法人和营利法人。反之，则国有企业更像国家机关或其附属物，作为法人，更接近于公法人财团法人和公益法人。[③]

---

① 蔡增正："市场经济中的政府职能与我国国有企业改革"，载《深圳大学学报》（人文社会科学版）1998 年第 15 卷。

② 中国社会科学院工业经济研究所课题组："论新时期深化国有经济改革重大任务"，载《中国工业经济》2014 年第 9 期。

③ 漆多俊："对国有企业几个基本问题的再认识"，载《经济学家》1996 年第 2 期。

这种特殊性源于国有企业的双重功能,在市场经济中,与非国有企业相比,国有企业具有两重性:一般性和特殊性。国有企业的一般性主要表现为它的营利性;其特殊性则源于一定的社会经济制度赋予它的公益性。国有企业的两重性决定了它必须具有双重的功能:营利功能和公益功能。

从法人的分类的角度,法学界认为:总体看来,国有企业兼具有公益法人与营利法人的特点,国有企业一般有营利的目的,但往往不以营利为其唯一目的,有些国有企业从其开办就不是为了营利,而是为了实现国家调节经济或其他国家政策的目的,是为了国民经济的总体和长远发展或其他方面的国家和社会利益,营利法人不仅有营利目的,而且以其利润分配于其成员,而国有企业在实行国营时其利润则上缴国家。[1]

国有企业的营利性和营利功能,主要源于企业作为经济人的自然本质属性。在市场经济中,作为市场经济微观基础和市场经济主体的企业,以追求最大利润为目标从事生产和经营活动,实现其经济人的自然本能,是天经地义的。企业若失去了这种本能,市场经济也就失去了存在的基础。其次,国有企业的营利性和营利功能还决定于企业的性质。根据科斯的理论,因为企业代替价格机制的一种成本较低的生产组织形式。[2]

因此,同其他非国有的一般企业一样,作为市场竞争主体,国有企业也要通过自己的生产经营活动,向市场提供产品和服务,并努力实现利润最大化或实现成本最小化,从这个意义上说,国有企业应当具有一般的营利功能。

但是,国有企业要担负国家经济管理,调节社会经济的职能,对于有些重要行业和产品,明知在一定时期内不能营利,也要或者说更需要国家投资开办企业而等到以后其经营能够营利或盈利率较高时,民间社会愿意投资了这时国家倒往往可以减少投资。[3]

国有企业这种特殊的公益性质和经济调节功能,源于市场经济本身发展的需要。一方面,在经济生活中,外部性、公共物品、垄断以及市场信息不充分等因素都是一种客观存在,就算是在市场经济最发达的国家中,这些因素的存在也必然会导致市场失灵,市场主体的活动水平与社会所需要的最优水平就会出现不一致,从而使

---

[1] 漆多俊:"对国有企业几个基本问题的再认识",载《经济学家》1996年第2期。

[2] 奥利弗·E·威廉姆森、西德尼·G·温特:《企业的性质——起源、演变和发展》,商务印书馆2008年版,第23—27页。

[3] 漆多俊:"对国有企业几个基本问题的再认识",载《经济学家》1996年第2期。

资源不能得到最优配置,在此情况下,市场经济的理想状态——帕累托最优状态也就不可能实现。另一方面,市场经济自身存在的功能缺陷还会造成经济运行过程中有出现大起大落的强周期波动现象,可能导致严重的失业或通货膨胀,同时还会导致经济结构失衡和总量失衡。

市场失灵和市场功能的缺陷表明,单纯依靠市场机制的作用是无法使市场经济正常运行的。为克服市场失灵和弥合市场功能缺陷,客观上需要政府对经济运行进行干预。一般来说,政府干预经济运行的主要方式有两种:一是运用经济政策进行干预,二是组建国有企业。其中,由政府投资组建国有企业是一种重要的选择,这种选择在某些行业、某些领域和许多场合都是不可替代的。在此情况下,由政府拥有或实际控制的国有企业,除具有一般的营利功能外,也就自然而然地具有了非营利的经济调节功能。如果国有企业丧失了这种功能,仅仅依靠政府实行财政政策和货币政策来干预经济运行,是难以克服市场失灵和弥合市场功能缺陷的。这是一切市场经济国家都普遍存在国有企业的重要原因。[①]

吴晓亮发表在《财经研究》的《国有产权国有企业存在的原因》一文亦认为国有企业的存在具有两个方面的原因——作为政府履行职责的工具和作为执政者的执政基础。

也就是说,在公共经济范畴的基础上,当企业产权类型的决策者是执政党时,国有产权的规模与范围就不仅仅来自社会福利方面的因素,还取决于执政党对于社会关键资源(尤其是企业)的控制,以及由此而来的、保证执政地位强化方面的因素。如果在一个国家的政治经济环境中,执政党能够通过控制资源、进行相机性决策以维持稳定的社会政治格局,那么执政党就有动机将重要的企业资源收归国有,扩大国有经济的版图。

而从动态的角度看,国有企业产权决策的影响因素包括:国有产权和私人产权的相对效率水平,国有企业改善社会公平的效力和程度,国有企业在国民经济中的地位及其对执政党的政治意义,执政党的政治控制对企业效率的影响程度,政治经济体制的完善程度,等等。于是,随着政治体制、政府职能的完善和执政党执政能力的提升,国有经济的范围将会缩小,而社会公众福利水平将会提高。[②]

国有企业是国家理性选择的结果,所以,世界上许多国家都拥有自己的国有企业,

---

① 张连城:"论国有企业的性质、制度性矛盾与法人地位",载《首都经济贸易大学学报》2004年第1期。

② 宁向东、吴晓亮:"国有产权国有企业存在的原因",载《财经研究》2010年第7期。

但各国建立国有企业的理由和目的却各不相同。由于初始目的不同，其所赖以建立的国有企业的性质也就不同。[①]

在我国社会主义市场经济中，国有经济的主导作用是由公有制的主体地位赋予的，体现了社会主义基本经济制度的根本性质，国有经济的主导作用是与社会主义初级阶段的基本经济制度和中国的特殊发展阶段相联系的。[②] 可见，社会主义的本质决定了我国国有企业可以作为公有制实现形式而存在，于是，我们的国有企业既要承担一定的公共目标，如提供公共品、弥补市场缺陷等，还要追求一定的经济发展目标，如促进资本形成、发展战略性民族产业、落实国家产业政策、实现国有资产的保值与增值以及国家税收的增加等。[③]

国有企业的上述目标决定了国有企业的经济调节功能（或公益功能）。这种特殊的公益功能在不同的国家或地区，以及在同一国家或地区的不同历史条件和经济条件下应具有不同的规定性。就我国现阶段而言，主要表现在如下几个方面：①服务宏观经济，实现资源在全社会范围内的优化配置；②进行战略开发，促进技术进步，实现产业结构升级，为经济发展提供基础性服务；③促进地区经济平衡发展，实现经济合理布局；④控制国民经济命脉及其他重要领域，保障国家经济、政治和军事安全；⑤实现政府的其他重要政策目标。[④]

综上所述，国有企业是一种具有二重性质的企业制度安排，既要承担一定的公共目标，还要追求一定的经济目标。而正确的做法应该是对国有企业进行分类定位和改革，纯公共性国有企业应以社会效益为唯一目标，竞争性国有企业应以利润最大化为主要目标。[⑤]

二、国有企业的类型

基于财政目标、社会目标、调控目标和经营目标的不同要求，国有企业千差万别，采取相同的经营模式显然是不合适的。将国有企业区分为不同类型，并采取不同的

---

①　胡岳岷："论国有企业的性质"，载《江汉论坛》2005 年第 8 期。

②　张宇："正确认识国有经济在社会主义市场经济中的地位和作用"，载《毛泽东邓小平理论研究》2010 年第 1 期。

③　邵传林："国有企业性质的比较制度分析"，载《经济学动态》2011 年第 9 期。

④　张连城："论国有企业的性质、制度性矛盾与法人地位"，载《首都经济贸易大学学报》2004年第 1 期。

⑤　邵传林："国有企业性质的比较制度分析"，载《经济学动态》2011 年第 9 期。

法律形式，已成为实行市场经济体制的国家的通例。①

以国有企业的目标为标准，国有企业可以分为两大类。

1. 功能性的国有企业，这类企业主要有三种类型

第一种，基础设施和公共产品的供给。如供水、供电、供油、供气、公共交通等。这个领域公益色彩很重，企业的社会责任和企业自身的经济利益有时候是冲突的，尤其是当市场信号波动很剧烈的时候。为减少对社会的冲击，企业在某种特定的阶段要承受亏损。

第二种，重要资源的开发。企业的经济利益和资源环境目标有时是不一致的，而现实的情况是企业自律不足、政府监管能力不足。有一组煤炭行业的数字：全国煤炭回采率小型煤矿是10%—20%，大型煤矿是45%，国外发达国家是60%—80%。目前中央企业有两家，都在70%以上。如果企业缺乏自律、政府监管能力不足的状况没有实质性的改变，重要资源开发由国有企业控制，会更好地平衡企业的经济利益和资源环境的目标。

第三种，关系国计民生的重要企业。比如军工企业、大飞机等战略性产业，带有特殊社会功能或者经济功能，需要承担特定的社会、产业目标，国有经济需要继续保持控制力。②

党的十五届四中全会的《中共中央关于国有企业改革和发展若干重大问题的决定》指出："国有经济需要控制的行业和领域主要包括：涉及国家安全的行业、自然垄断的行业、提供重要公共产品和服务的行业以及支柱产业和高新技术产业中的重要骨干企业。"也就是说：国有经济要控制的是"三个行业和两类重要骨干企业"，这是党中央对国有经济战略性调整的方针。党中央对国有经济战略性调整的方针将国有经济控制的范围缩小到"三个行业和两类重要骨干企业"之内，腾出空间发展民营经济。党的十五届四中全会对国有经济的这一定位回答了"要国有经济干什么"的问题，其职能是为社会提供重要公共产品和社会服务，而不是为了获得赢利。一般民营经济之所以不进入这些领域，是因为无利可图，只能由国有经济来承担。③

事实上，西方资本主义国有企业的发展史表明，国有企也是政府行政部门的替代物，它是为了履行重大公共利益职能而设立的一种特殊的、具有一定企业组织形

---

① 王保树：完善国有企业改革措施的法理念，载《中国法学》2000年第2期。

② 邵宁：关于国有企业改革发展方向的思考，载《上海国资》2011年2月。

③ 何伟："关于经济体制改革几个问题的探讨"，载《经济纵横》2012年第6期。

式的、不同于常规政府机关的公共机构。^①之所以选择建立国有企业，而不是选择建立行政部门，是因为与一般政府机构相比，这种组织形式更具有效率性和有效性^②

若从国有企业起源的视角来考察国有企业的性质，国有企业从一开始诞生就不是一种以追求利润最大化为唯一目标的一般性企业，而是以社会公共目标为宗旨的特殊企业，其功能在于弥补市场失灵，提供公共产品和服务，促进整个社会的协调、持续、稳定发展。^③

这类国有企业的存在在于弥补市场机制配置资源的缺陷，即市场干不了或干不好的才由政府进入。国有企业产品的定价并不以市场供求状况为依据，也不是以利润最大化为目标。

如果这类国有企业被界定为利润最大化的经济组织，则由于一部分国有企业进入的是自然垄断行业，如自来水、煤气、电力等，它们就可以利用其垄断地位把产品价格定得很高，从而谋取超额垄断利润，而对于另外一些对国家整体发展有利，但难以赢利的项目，国有企业就不会进入。显然，这两种情况都会损害国民的福利，并且对国家的发展不利，从而市场经济中的国有企业兼有政府和企业双重性，企业化是外表，贯彻政府的政策意图才是它的实质，亦即国有企业在很大程度上与非市场领域有关，是遵照市场领域以外的准则在运行，因此它是"反市场"的，不可能是一组市场合约。

这类国有企业国有企业不应作为一个完全的经济组织来建立和运行，在市场经济体系中它们是超越自身利润目标的行为主体，应以国家整体利益为最高目标，兼有经济性、政治性和社会性，其功能在于弥补市场失灵，提供社会公共产品和服务，促进整个经济和社会协调发展。所以，对这类国有企业的改革只能使它回归其公共性，把这类国有企业定位于非竞争性、非赢利性、高外部性的自然垄断或公共产品领域。这部分领域或是因为投资规模大、技术要求高，私人企业不能进入；或是因为投资回收期长、风险大，私人企业难以进入；或是因为排他性强、外部性强，私人企业不愿进入。但是这些领域又和国民整体福利的提高，社会、经济的综合发展关系密切，就只能由政府占有一部分资源以国有企业的形式来提供。^④

---

① 天则经济研究所课题组：《国有企业的性质、表现与改革》研究报告，天则经济研究所 2011 年版。

② Koppell, J.G.S.(2007), "Political control for China's state-owned enterprises", Governance: An International Journal of Policy, Administration, and Institutions 20(2):255-278.

③ 邵传林："国有企业性质的比较制度分析"，载《经济学动态》2011 年第 9 期。

④ 胡洪曙、叶剑明："国有企业的性质、产权制度及国有企业改革"，载《财政研究》2004 年第 8 期。

对于成本收益能完全内部化，以等价交换为原则的私人产品，这类国有企业则应该退出，代之由私人企业按照市场经济规律来提供。如果不顾这类国有企业的性质，强行在市场竞争领域推行所谓的国有企业"股份制"改造，以为人为地指定几个董事，再制造出一个虚拟的股份制公司治理构架，就可以解决这部分国有企业效率低下的问题，则只会把国有企业变成两不像，不仅损害政府宏观调控的能力，而且会造成新一轮的国有资产流失，使国有企业陷入更深的困境。

2. 竞争型国有企业

这类国有企业追求一定的经济发展目标，如促进资本形成、发展战略性民族产业、实现国有资产的保值与增值以及国家税收的增加等。

对竞争性的国有企业应该怎样改革有很大争议，争议持续已久，并成为阻碍改革的一个重要因素。

有很多人认为，国有企业应该退出竞争性领域，以使国有经济从一切竞争性领域退出。这种观点的出发点是美国、英国的模式，这些国家在竞争性领域没有国有企业。但是，在中国现实的国情条件下，国有竞争性大企业的存在与发展有着充分的必要性。[①]

与英国、美国等西方资本主义国家不同，在我国，不论是在计划经济时代，还是在非公有制经济蓬勃发展的转轨时期，还是市场经济时期，我国国有企业都是国家财政收入的主要支柱，尤其是中央所属的国有企业对国家财政的贡献更大。比如，即使在全球性金融危机持续加深的 2009 年，我国国有及国有控股工业企业仍实现利润总额 9 287.03 亿元，应交增值税高达 6 508.74 亿元，在国内增值税中占比 35.2%。另一方面，国有企业对不同的国家还具有迥然不同的政治意义。国有企业往往与政府有着复杂的政治关联，其行为在某种程度上还是国家意志的重要表征，既是政府对内实施一系列经济政策的制度设施，也是政府实施对外战略的政治工具政党的执政之基。[②]

这类国有企业应当采用公司制，以便完全回归市场，成为真正的市场经济主体，完全适用《公司法》、《破产法》、《企业国有资产法》的调整。

3. 类型化的意义

我国国有企业的功能和目标不同，因此，国有企业改革的当务之急不是全面推

---

① 邵宁：“关于国有企业改革发展方向的思考”，载《上海国资》2011 年 2 月。
② 邵传林：“国有企业性质的比较制度分析”，载《经济学动态》2011 年第 9 期。

进公司化和商业化，而是在有限政府、分权制衡和保障公民权利等法治维度下，重新界定国家所有权在市场经济框架内的目标和职能，区别不同目标的国有企业给予不同的政策和法律待遇。对于为社会或者政治目标服务的国有企业，国家应保留所有权、给予财政支持并按照行政机构的治理模式（而不是商业性公司的治理机制）严加监管；对于身处竞争行业、具有营利或商业目标的国有企业，国家应当分离并承接其原有的社会职能（例如提供职工福利甚至暂时缓解当地失业压力），通过适当的方式（包括公司化和股份化），使国家所有权在充分公开信息和遵循公正程序的前提下尽早退出企业。[①]

区分国有企业的类型而提出不同的改革思路是笔者的立论基础，在此前提下展开对其中一个类型即功能型企业的立法研究。

三、公用企业法——功能型国有企业的法律适用问题

前文述及废止《全民所有制工业企业法》之后，国有企业的路径依赖问题，法学家 Hurry W. Jones 的著述可以提供我们正确的思路，他曾经指出：我们必须在运动与静止、保守与创新、僵化与变化无常这些彼此矛盾的力量之间谋求某种和谐。作为使松散的社会结构紧紧凝聚在一起的黏合物，法律必须巧妙地将过去与现在勾连起来，同时又不忽视未来的迫切要求 [②]

法的作用是动态的，要求执政者和法律人应精心研究法在各种不同时空条件下可能和应有的作用，研究法的作用的变化趋向，根据不断发展变化的实际生活的需要，适时地将法的作用调整到适宜的状态，使法的功能和法的价值更好地转化为法的作用，从而更好地为社会生活服务。[③] 结合前文的论证，不难得出的结论是：对《全民所有制工业企业法》不能简单地做局部修改，或全面修改。而是要在另起炉灶、重新起草国有企业法的同时，兼顾我国国有企业的现状以及未来发展，所以，国有企业法与现行《全民所有制工业企业法》相比较，无论体例和文字有多大区别，在中华人民共和国立法史上，新法都是对它所取代的旧企业法的修正和发展，这是毫无疑义的。

必须明确的几个关键问题，也是立法者难以回避的事实：

---

①　王军："国企改革与国家所有权神话"，载《中外法学》2005 年第 3 期。

②　HurryW.Jones. The Creative Power and Fuction of Law in Histrical Perspective, 17 Vanderbilt Law Review 135. (1963).

③　周旺生："法的功能和法的作用辨异"，载《政法论坛》2006 年第 5 期。

1. 国家所有取代全民所有

我国的国有企业的财产所有权归属都是明确的，即属于全民所有。国有企业产权的最终所有者高度分散，产权具有不可分割性和不可转让性。在国有企业财产的最终归属权高度分散且不能分割和转让的情况下，全民就只能作为一个共同体共同行使其财产权利，就是说，全民所有制的产权实际上是一种具有不可分割性和不可转让性的公共产权。任何个人都不能独立行使公有权，事无巨细都要集体行动，或者是不可能的或者是不经济的。全民所有制的公有权必须通过统一而唯一的具有权威的社会中心来行使，从而公有权同个人分离而形成公有权中心或全民资产所有者代表。① 在此条件下，全民所有制产权的行使就只能通过委托代理关系以授权某一行为主体的方式来实现。从理论上说，在我国现阶段，这一代表全民行使财产权利的行为主体是国家，即所谓全民所有制采取了国家所有制的形式。因此，"全民—国家—企业"这种基本的委托代理关系的存在也就成为一种必然的选择。但从实践的角度看，对全民财产有可能并且实际行使权利的是政府。②

因为，企业国家所有制是全民所有制的实现形态，全民所有制要求有一个代表全体人民利益和意志并具有权威的社会中心行使公有权，在现阶段，社会主义国家是唯一能代表全体人民意志和利益的权威组织。国家代表全体人民行使全民所有制的所有权，如果全民所有制转化为国家所有制，抽象的公有权中心具体化为行使公有权的国家机关。社会主义国家所有制是全民所有制的自然形式。全民所有制规定着国家所有制的性质和内容。

国家权力具有统一性和唯一性，适应了全民所有制所有权的统一性和唯一性要求。国家代表着社会的整体利益和普遍利益也符合全民所有制利益的共同性及普遍性的要求。全民所有制是在激烈的阶级斗争中依靠无产阶级的国家力量剥夺资产者而产生的，国家的权威性是全民所有制巩固和发展的政治保障，因此全民所有制采用国家所有制形式具有历史的必然性。

2. 功能型国有企业不实行政企分开

在铺天盖地的关于国有企业的著述中，政府是作为国有企业所有者——全体人民的代表而出现的，要求政府不干预企业，则其代理的所有权约束大大削弱乃至消失，而"所有者虚位"又是现代企业制度不能容忍的；国家在行使其所有权时，像自然

① 秦贤正："论全民所有制的内在矛盾（研究大纲）"，载《中南财经大学学报》1993 年第 5 期。
② 张连城："论国有企业的性质、制度性矛盾与法人地位"，载《首都经济贸易大学学报》2004年第 1 期。

人一样，都是理性的，都会通过管理和控制企业来实现他的效用最大化。一个理性的自然人通常会以利润最大化作为其效用最大化，而对于功能型国有企业，一个理性的政府通常会以更好的国家综合治理作为其效用最大化。政府哪怕通过间接的方式（如现在的国资委构架、财政部模式等）来管理企业，也必然把其经济目标与政治、社会目标输入企业的目标函数中，使企业行为出现一定的非经济合理性。因此，政企合一是国家作为所有者实现其权利的方式，要求功能型国有企业实施严格的政企分离，不仅是不可能，而且也是不应当的。①

要求国家不管、不监督功能型国有企业，实际上是对所有权的侵犯，也违背了全体人民这一个初始委托人的初衷。全体人民委托政府建立国有企业，并不是为了获取最大直接利润，而是为了使自己的生活环境更好，自己的各项需求得到最大程度的满足。反过来，人民如果是为了追求最大利润，则不会选择代理费用极其高昂的国有企业形式，而会选择委托—代理链条短得多、效率也高得多的私有企业形式。

事实上，国有企业政企分开问题，不是政府对国有企业多管少管、直接管间接管的问题，而是对一定的企业还要不要采取纯国有制的问题。要求国有企业适应市场并进入市场竞争，要求其政企分开，实际上就要求其实行多种所有制改造，而对于功能性的国有企业，不应该而且也不可能实行政企分开。

所以，将所有的国有企业使用一部法律来调整，是不科学的。著名法学家顾功耘教授早在 2004 年就曾撰文指出国有企业的特殊性，并进一步提出单独立法、单独调整的必要性：国有企业是企业法人的一种，也具有它独有的性质和功能。国有企业是我国市场经济条件下的领头羊，不应混同于一般的商人主体，它的活动宗旨不应仅追求营利。国有资产属于全民所有，用国有资产投资建立的国有企业应当更多地担负起提供公共产品和服务的责任；在追求营利的同时，应当考虑公共的利益。国有企业作为特殊企业，除遵守《公司法》外，应在《公司法》指导下，制定国有公司法作为自己活动的依据。国有公司法要调整和规范国有独资公司与国有控股公司的活动。国有企业改制有两种结果：一种结果是改成了非国有企业，非国有企业完全按照《公司法》运作；另一种结果是保留了国有企业的性质，这种企业应当按照国有公司法运作。只有在国有公司法没有规定的情况下，才按照《公司法》运作。②

① 胡洪曙、叶剑明："国有企业的性质、产权制度及国有企业改革"，载《财政研究》2004 年第 8 期。
② 顾功耘："《公司法》修改与公司法律制度的完善"，载《法学》2004 年第 7 期。

第三节 竞争型国有企业进入市场的路径

党的十八大报告指出："要毫不动摇巩固和发展公有制经济，推行公有制多种实现形式，推动国有资本更多投向关系国家安全和国民经济命脉的重要行业和关键领域，不断增强国有经济活力、控制力、影响力。"竞争型国有企业是我国经济的骨干力量，深化这类国有企业产权多元化改革，是推行公有制多种实现形式，推动国有资本更多投向关系国家安全和国民经济命脉的重要行业和关键领域，不断增强国有经济活力、控制力、影响力的根本途径。[①] 目前，我国竞争型国有企业产权多元化改革存在许多困难，但是，采取法律化制度化的现代公司制改革策略，困难可能迎刃而解。

一、竞争型国有企业的市场主体地位

（一）竞争型国有企业存在的合理性

2008年全球金融危机爆发以来，学术界对"国进民退"和"国退民进"的讨论尤其激烈。一些人认为，自2004年以来，我国"国进民退"的趋势正在加剧，"国进民退"是政府主导下的新一轮国有经济大举扩张，是改革的倒退。典型的案例有中粮入驻蒙牛、山东钢铁并购日照钢铁、山西煤炭的重组事件、央企纷纷进入房地产市场、政府4万亿注资大部分被国有企业分享。针对这些案例，有些人对"国进民退"目前的发展趋势表示担忧，认为当前国有企业不仅仅在关乎国计民生、国家安全的自然垄断行业拥有绝对垄断地位。在一般竞争性领域，国有经济也正在挤占中小企业的生存空间。另一种观点认为，"国进民退"只是暂时现象，是国有企业进行战略性重组的必要手段。[②]

国有企业是否要从一般竞争性行业和垄断性行业退出呢？理论界有三种主要观点：全面退出论、彻底退出论、合理存在论。全面退出论认为，国有经济战略性结构调整的实质就是要使国有企业全面退出竞争性领域，国有企业与市场经济是冲突的，它不能完全按照竞争规则进行优胜劣汰，难以建立起适应市场经济要求的企业制度，因此，国有企业应该完全从竞争性领域退出。彻底退出论主张国有企业不仅

---

① 参见蓝定香、张琦："新时期大型国企产权多元化改革的难点与对策"，载《经济纵横》2013年第3期。

② 王霞、杨积勇："竞争性领域国有经济不公平市场地位及政策建议"，载《合作经济与科技》2011年3月号上。

要退出一切竞争性行业，还必须从垄断性行业退出。2009 年以来，随着全球金融危机的冲击，政府刺激经济计划的出台，"国进民退"、"国有企业垄断论"和"与民争利论"等观点成为社会热议的焦点，这促使一部分人提出国有企业还应该退出垄断性行业。而合理存在论则从目前的国情以及国内外的经验全面论证国有企业仍须在竞争性领域站稳脚跟，继续承担促进中国产业发展的责任，进一步论证有其存在的价值。提出国有企业不应或不能笼统地说退出竞争性领域，国有企业从竞争行业退出只能是适度的，不能是全部退出。

笔者赞同合理存在论的观点，理由如下：

1. 境外的国有企业实践经验

新加坡的国有企业在国民经济中占有举足轻重的地位。自 20 世纪 70 年代后期开始，国有经济部门就一直占新加坡国内固定资本形成总值的四分之一左右。在不断加强对国有企业管理的过程中，新加坡逐步形成了有自身特色的管理与监督体制。数十年来，由新加坡政府委托政府控股公司经营的国有资产不但没有流失，而且大幅增长。[①]

韩国政府自 20 世纪 80 年代以来，通过积极改革国有企业管理模式，强化经营评价机制，极大提高了企业的自主权和效率性，并鼓励国有企业走出国门，使企业发展获得了更大空间。而在市场体制充分形成以后，韩国政府为避免过度垄断，保持有效竞争机制，通过多种方式调整企业所有制结构，走出了有本国特色的国有企业发展道路。根据韩国有企业划财政部的调查，自 2008 年国际金融危机之后，韩国国有企业的"人均劳动生产性"指数大幅提升，其增幅甚至超过民间企业。以 2010 年为例，国有企业"人均劳动生产性"对比 2008 年增幅为 31.6%，而大型民间企业的平均增幅为 24.9%。在利润增长方面，很多国有企业也取得了让民间企业羡慕的成绩。例如地域供暖公社 2010 年的营业利润率为 9.95%，较 50 大上市公司平均利润率6.3% 高出 58%。[②]

如果说新加坡和韩国是完全市场经济国家，借鉴意义不大，那么我们一衣带水的邻国，曾经和我们有共同的社会制度的俄国的经验不得不引起我国的重视。

俄罗斯 2000 年后逐步加深了对市场经济的认识，开始重新加强国家对战略性行业的控制力，现在俄罗斯政府独资或控股的企业已成为其国民经济的重要支柱。为

---

① 陶杰："新加坡有效监管国有企业的启示"，载《经济日报》2013 年 6 月 13 日。
② 杨明："韩国：机制激发国企活力"，载《经济日报》2013 年 6 月 13 日。

了消除 20 世纪 90 年代初大规模私有化带来的国有资产流失、财政收入减少、寡头经济盛行等负面影响，俄罗斯总统普京在其第一个任期内以战略性行业为突破口开始了重新国有化进程。俄罗斯政府于 2004 年通过法令，制定了战略性企业和战略性股份公司名录，将石油、天然气、运输、电力、银行、钢铁制造业等领域的 1 063 家企业列为国有战略企业。俄罗斯法律规定："俄战略企业股份归俄联邦所有，俄联邦政府参与管理，确保国家战略利益、国防能力和国家安全，保护俄联邦公民的道德、健康、权利和合法利益。"

为了推动国有企业的良性发展，加强对国有企业的监督管理，俄罗斯政府采取了一系列有效措施。首先，通过法律明确和奠定国有企业在经济中的特殊重要地位，陆续通过《自然垄断法》、《电力法》、《联邦矿产法》、《战略企业外商投资法》等法律，帮助国有企业在油气、电力、铁路、邮政等战略性行业依法获得主导地位；其次，通过国家财产管理委员会加强对国有资产的监督，该委员会履行国家出资人职责，对企业国有资产的保值增值进行监督，代表俄罗斯政府向部分大型企业派出监事会，负责监事会的日常管理工作，防止国有资产的流失；第三，加强财税监管，将国有企业作为财政收入的重要来源。俄罗斯政府规定，除俄总理特别批准外，国有企业上缴的红利比例不得低于 25%。近年来，其国有企业上缴的红利大幅增长，由 2010 年的 450 亿卢布增加到 2012 年的 1 610 亿卢布，2013 年政府有望获得国有企业红利 1 721 亿卢布（占俄财政总收入的 1.4%）。除上缴红利外，俄罗斯政府还积极利用矿产开采税、石油出口税等税收手段，将石油等资源性企业的税收收入注入政府稳定基金，构筑抵御金融风险的"防火墙"。[1]

2. 竞争领域国有企业的必要性

从企业数量上看，1998 年国有企业占比为 39%，2010 年下降到 4.5%；国资委管理的中央企业由 2003 年国资委成立时的 196 家下降到 2011 年的 118 家。从资产总额的比重来看，1978 年国有企业资产总额占全部工业企业资产总额的 92%；下降到 2008 年的 43.8%。现在国有企业的数量和比重虽然已经大幅度下降，由于国有经济比重已经比较低，而且存在继续下降的趋势。[2]

国有资本从竞争性行业中退出应当停止。其理由在于：其一，因为民间资本和外国资本虽有一定的实力，但暂时还达不到能够全部接纳国有竞争性资本的程度，

---

① 廖伟径："俄罗斯：加强控制战略性行业"，载《经济日报》2013 年 6 月 13 日。

② 简新华："论攻坚阶段的国有企业改革——国有企业深化改革必须正确认识的几个基本问题"，载《学术研究》2012 年第 10 期。

如果继续强制退出，则只能是政府行为而不是市场行为，这就违反了市场经济的"游戏规则"。如果强制能够较好适应市场经济的国有竞争性资本退出，则只能削弱国有经济力量。虽然我们不能用大力发展国有经济抑制非国有经济，但也不能用大力发展非国有经济抑制国有经济，从一个极端走向另一个极端。其二，国有资本从竞争性行业中全部退出需要承担很高的风险。这不仅牵涉到退出过程中可能会发生大量的国有资本流失问题，而且还会因为国有资本活动领域大幅萎缩丧失对国民经济的支配力。尽管，大量的企业可以改制为现代公有制企业，国有经济所占比重下降了，公有制经济所占比重仍然可以保持相对优势甚至是绝对优势，不会改变社会主义性质，但是，一旦国有经济所占比重下降到很低的程度，国有经济的主导作用就很难得到发挥。更为重要的是，面对外国资本咄咄逼人的架势，单靠国内弱小的民间资本显然不行，必须借助于国有资本和各种民间资本形成的合力才能应对。其三，国有资本全部退出不利于搞好国有资本。在高度资本集中的计划经济体制下，国有企业完全排斥竞争，其结果是自身丧失了活力，效率低下。改革开放以后，特别是由计划经济向社会主义市场经济转轨以来，国有企业被逐步推向市场参与竞争，其活力也有所增强。现在让国有资本全部退出竞争性行业，进入非竞争性行业或竞争程度不明显的行业，其刚刚获得的活力又会丧失殆尽。所以，从竞争性行业中退出全部国有资本的思路是行不通的。国有资本在竞争性行业中存在是有充分依据的，至少近期存在是必要的。[①]

3. 竞争型国有企业的合理性

从法律角度看，国有企业具有平等参与市场竞争的权利。在社会主义市场经济中，国有企业与民企均作为市场主体，在市场竞争中处于平等地位，其存在的领域不能人为地、先验地划定，更不能剥夺国有企业平等参与市场竞争的权利。在社会主义市场经济条件下，市场竞争主体——企业的进入或退出某一行业或领域，取决于企业自身的依法独立决策和市场的择优选择，而不是取决于所谓行业或领域划分标准，或政府的主观意愿，最终的结果则取决于企业市场竞争力。国有企业非竞争论将国有企业的存在囿于非竞争性领域，具有人为地剥夺国有企业平等参与市场竞争的权利，先验地宣判国有企业"死刑"之嫌。如果说在计划经济时期，全面排斥私有经济，不允许它参与经济活动是一种所有制歧视，那么在社会主义市场经济时期，在经济活动的主要领域——竞争性领域，全面封杀国有企业，也是一种所有制歧视，这种歧

---

① 徐伟、王波："国有资本从竞争性行业中退出的辩证思考"，载《中国软科学》2000年第9期。

视不符合市场经济原则，即不是凭所有制而是凭竞争力来生存的原则。①

所以，目前，我国国有企业应当存在于竞争性领域。国有企业非竞争论在理论和事实上是不成立的，更不能作为我国国有企业改革依据。

（二）作为商人的国有企业

梅因在《古代法》一书中提出了一个著名的论断："所有进步社会的运动，到此处为止，是一个'从身份到契约'的运动。"②他是在个人依附于家族这个意义上使用"身份"一词的。其论断旨在表明，进步社会的运动是一个个人逐步摆脱对家族的人身依附关系，转而以个人的自由合意来创设权利义务的发展过程。对于梅因的论断，哈耶克认为，身份的概念实际上对应着这样一种状态，其中所适用的规则并不完全是一般性的，而是挑出特定的个人或群体并赋予其特别的权利义务。真正与这种身份之治对立的，不应是契约之治，而是一般性的、平等的法律之治，是对所有的人一视同仁的规则之治，或者说是在与"特权"相对的意义上来使用"法"一词时所称的"法治"。③可见，在哈耶克看来，所谓的"从身份到契约"，其实应当是指从实行差别对待的身份之治到实行平等对待的法律之治。

著名法学家江平教授指出："国有企业在所有制性质上姓'公'，但在在市场经济法律当中，国有企业的存在并不以国家权力为基础，其性质仍是私法人，具有独立法人地位。国资委应避免以行政命令干涉国有企业的经营和股权变更。"④

面对商业组织的蓬勃兴起，传统的商人概念显示出概括和揭示能力的不足。商自然人的概念显然不同于作为团体的商业组织，而商法人的概念亦不能涵盖无法人资格的商业团体，即独资企业和合伙企业以及各种企业的结合状态等。由此在经济学领域早已广泛使用的企业概念自然而然进入了法律学者的视野并被引入了商法的领域。⑤从商法的角度看，竞争型国有企业就是商法上的商人，"商人是商法主体这一观念实际上已被企业是商法主体的新观念所代替，现代社会的企业和中世纪的商人并不完全相同"⑥。

国外的国有企业，虽然也是国家所有，但是，企业的市场经济主体地位与其他

---

① 王仪祥："国有企业不宜完全退出竞争性领域"，载《经济学动态》2010年第10期。

② [英]梅因：《古代法》，沈景一译，商务印书馆1959年版，第97页。

③ See, F. A. Hayek, The Constitution of Liberty, Routledge & Kegan Paul Ltd, 1960, London, p. 154.

④ 江平教授的观点来自《"再次定位国有企业"高层论坛综述[一]》，ttp://www.unirule.org.cn/secondweb/Article.asp?ArticleID=2968，2013年9月14日访问。

⑤ 赵旭东：《企业与公司法纵论》，法律出版社2003年版，第9页。

⑥ 王书江：《外国商法》，中国政法大学出版社1987年版，第8页。

所有制企业没有任何不同。从经营者选聘到企业管理，从企业决策到市场营销，从经营者绩效考核到员工收入等，执行的都是市场法则、市场规律，而不是政府指令。企业需要对政府负责，但政府不能干预企业。政府在资源配置、政策扶持方面，也不会给国有企业特殊的关照与倾斜。

要想让国有企业不再因为利润上交、经营决策失误、管理不善、福利过高等成为社会关注的焦点，不再遭到社会的广泛质疑和非议，最根本的解决办法，就是让竞争型企业作为商人，回归市场，成为真正的市场经济主体，成为具有现代企业制度特征的市场化企业。这就要求，政府在制定市场规则、确定社会资源配置原则、研究对企业扶持的政策时，不能有近有远、有亲有疏，不能有倾向性意见。同时，放开对市场和领域的管制，让不同所有制企业能够进入到目前还处于高度垄断的领域。即便不能完全开放的领域，也要有计划、有步骤地引入民营资本，搅活垄断行业这团死水。

同时，在竞争型国有企业的管理体制方面，也要打破行政式管理的模式，按照市场化要求，对企业经营者进行公开选聘、市场化录用，而不是行政任命，更不能成为政府官员享受官场福利的工具。而对竞争型国有企业经营者的考核，也要学习借鉴其他国家的经验，以质量、效益、竞争力等为考核标准，实行综合考核、系统考核，而不是简单地以规模、利润为主要标准。[①]

二、竞争型国有企业营利的正当性

在市场经济条件下，竞争性行业是国民经济最重要的组成部分，它的发展水平是国家科技水平、经济实力、市场体系发育程度的重要标志。竞争性行业的市场化，既是市场经济体制的核心，也是社会主义市场经济体制的基础，更是完全市场经济地位国家的基本要求。在完全市场经济制度的国家里，企业就是企业，根本就没有所有制之分。[②]自然垄断行业已逐渐被打破，非竞争性行业已不明显，倘若国有经济全部退出完全有能力获取利润甚至可以居于主导市场地位的竞争性行业，那么，基础设施建设和公益事业的发展就缺乏经济基础。

而且国有企业首先是市场主体，市场主体作为理性经济人的自然本能就是追求利润最大化。其次，国有企业的营利性和营利功能还决定于企业的性质。同其他非

---

① 谭浩俊："国有企业该如何回归市场？"，载《北京青年报》2013 年 7 月 1 日。
② 胡岳岷："论国有企业的性质"，载《江汉论坛》2005 年第 8 期。

国有的一般企业一样，作为市场竞争主体，国有企业也要通过自己的生产经营活动，向市场提供产品和服务，并努力实现利润最大化或实现成本最小化，从这个意义上说，国有企业应当具有一般的营利功能。①

三、竞争型国有企业的混合所有制改造

股份制的引入和试点是十几年来国有企业改革的最重要的举措，而且时至今日，这一形式已被证明是根本改革中国国有企业，使之走向光明未来的最主要的途径。②从 20 世纪 90 年代中期开始，我国对国有大中型企业进行公司制股份制改革，并探索建立和完善各类企业的法人治理结构。这一改革已取得重大进展。目前，地方国有企业绝大部分已实行公司制股份制改革。中央企业改革也有较大进展，中央企业中公司制企业所占比重已达 70% 以上，一批大型国有企业先后在境内外资本市场上市。截至 2011 年年底，中央企业资产总额的 52.88%、净资产的 68.05%、营业收入的 59.65% 都在上市公司。还有，2004 年，国务院国资委开始选择宝钢等 7 家国有独资的中央企业进行董事会试点以来，到 2012 年年底，已有 51 家中央企业建立了比较规范的董事会。董事会中外部董事占到一半以上，这有助于企业决策层和执行层的分离，改变企业由一把手个人决策的体制。还有，2003 年以来国务院国资委和中组部一起先后拿出 141 个中央企业高管职位面向全球招聘。国资委积极推动中央企业人事制度改革，加大竞争性选拔力度，通过公开招聘、竞争上岗等方式选拔的各级企业经营管理人才从 2004 年的 33 万人增加到 2011 年的 595 万人。

从国有企业实行公司化改造、以转换企业经营机制、加强企业各股东主体利益的相互制约、增强企业活力和市场竞争力的宗旨来看，对国有独资公司的法律规定应从严解释，对一般竞争性企业应逐步取消国有独资公司形式。③同时加快推动国有企业的公司制股份制改革，主要是继续推动作为国有经济支柱的中央企业的公司制股份制改革。目前 50 多家特大型中央企业，大多数还实行总经理负责制，尚未向公司制转变，有些实行了公司制的也没有引入战略投资者，仍然是国有独资。国务院国资委成立已近 10 年，但在推动大型企业公司制股份制改革方面似乎做得不够有力。最近国资委负责人多次提出，要推动具备条件的国有大型企业实现整体上市，不具

---

① 张连城："论国有企业的性质、制度性矛盾与法人地位"，载《首都经济贸易大学学报》2004 年第 1 期。

② 赵旭东：《企业与公司法纵论》，法律出版社 2003 年版，第 395 页。

③ 赵旭东：《企业与公司法纵论》，法律出版社 2003 年版，第 395 页。

备整体上市条件的国有大型企业加快股权多元化改革，对有必要保持国有独资的国有大型企业要加快公司制改革，完善公司法人治理结构。这是很有必要的，但一要抓紧，二要落实，不能久拖不决。已经上市的国有控股公司也要完善治理结构，做到创新驱动发展，着力提高效率和市场竞争力特别是在国际市场竞争力。[1]

国有企业的改革与发展，经历多年多项方案的尝试，证明只有走公司化的道路才是正确的，正如我国经济格局从计划经济走向市场经济一样，不仅仅是一种选择，而且是必由之路。[2] 所以，十八大报告进一步指出："深化改革是加快转变经济发展方式的关键。经济体制改革的核心问题是处理好政府和市场的关系，必须更加尊重市场规律，更好发挥政府作用。要毫不动摇巩固和发展公有制经济，推行公有制多种实现形式，推动国有资本更多投向关系国家安全和国民经济命脉的重要行业和关键领域，不断增强国有经济活力、控制力、影响力。毫不动摇鼓励、支持、引导非公有制经济发展，保证各种所有制经济依法平等使用生产要素、公平参与市场竞争、同等受到法律保护。健全现代市场体系，加强宏观调控目标和政策手段机制化建设。加快改革财税体制，健全中央和地方财力与事权相匹配的体制，完善促进基本公共服务均等化和主体功能区建设的公共财政体系，构建地方税体系，形成有利于结构优化、社会公平的税收制度。"

从长远趋势看，现代股份制，而非纯粹的国有独资企业或民营企业才是经济的中坚力量，股份制既不是公、也不是私，是一种趋同的混合经济[3]。这类国有企业的形态最终将被国有资本所取代；国有资本的新布局将在深化改革中形成，国有企业和国有资本体制改革的重点是政企分开、政资分开，其目标就是形成有竞争力的国有资本控股或参股的公众化公司。[4]

第四节　公用企业法的基本框架

如梅因所指出的，一个进步的社会，必须使得法律贴合于新兴的社会与经济状

---

① 张卓元："国有企业改革仍需攻坚克难"，载高尚全主编《改革是中国最大的红利》，人民出版社 2013 年版，第 206—207 页。

② 王文杰："大陆国有企业改为公司制探讨"，载《政大法学评论》第 56 期。

③ 贾康的观点，摘自《"再次定位国有企业"高层论坛综述（一）》，ttp://www.unirule.org.cn/secondweb/Article.asp?ArticleID=2968，2013 年 9 月 14 日访问。

④ 陈宪："国有企业改革共识的底线"，载《21 世纪经济报道》2013 年 5 月 23 日。

况。① 在对国有企业法进行了上述种种分析的基础上，笔者认为我国应当为功能性国有企业单独立法，适用公用企业法，公用企业法在立法上应贯彻以下几个基本思想：

第一，在立法整体上应立足于经济法范畴而非一般商法范畴。因为该法调整的国有企业在目标上更具有公共性和公益性。

第二，组织法与行为法的结合。即公用企业法既包括确立公用企业主体地位规范，也包括限定公用企业的行为范围的规范。法律主体地位的确定是法律存在的基础，因而，公用企业法必须首先确定公用企业的主体地位。由于关于主体地位的法律规范相对简单，而法律对主体行为的约束是千差万别的，因此，法律通常被理解为是一套行为规范。

第三，在内容上应注意与《企业国有资产法》、《破产法》的衔接，避免与《公司法》的重复，强调国家的宏观调控性、国有资产的保值性，而国有资产的增值功能不重点强调。笔者对我国公用企业法的基本构想是：

1. 立法名称：公用企业法

以"公用企业法"命名，目的有二：一是区别于"国有企业法"等类似形式的立法名称，因为，目前我国功能型国有企业不仅仅包括公用企业，还包括重要资源的开发和关系国计民生的重要企业，比如军工企业、大飞机等战略性产业，这些企业带有特殊社会功能或者经济功能，不是仅仅提供公共服务和公共产品，但是，这些企业都具有公益性。二是与我国《企业国有资产法》接轨。

2. 立法宗旨

为了有效促进国家经济调节，规范"公用企业"的组织和行为，促进国家经济的平稳发展，维护国家整体利益和社会公共利益，制定本法。这样的立法宗旨在于突出显示该法的经济法属性和国有企业的公共性。

3. 立法目的

维护社会主义公有制经济基础和为实现社会公平正义提供物质保障，保障国家宏观调控、实现国家经济政策。前者是政治目的，后者是经济目的。

4. 调整对象

国家独资企业（包括国家出资的独资公司、国家出资的全资公司），不包括国家控股公司和国家参股公司（无论股份有限公司或有限责任公司）。此两类公司属于商业性公司，以商业目的为存在依据，适用公司法的调整。

---

① 丹尼斯·劳埃德：《法理学》，法律出版社 2007 年版，第 367 页。

5. 体系编排

第一章为总则；主要内容有三个层次：确立公用企业法的立法宗旨，明确公用企业法调整对象；明确公用企业的设立目标是提供公共产品和公共服务、经营范围或主要业务涉及的领域不涉及国防、公共安全等领域；公用企业法的基本原则。

第二章为公用企业的设立、变更和终止；本部分包括公用企业的设立条件和程序、变更、终止的条件和程序。

第三章为股东及股东会；本部分主要涉及作为公用企业出资人的政府定位问题，政府和企业的关系，这部分是公用企业法重点内容，解决我国各级政府如何保障公用企业平等地、无差别地给公众提供公共产品产品或公共服务，并进行价格的限制，从而平衡社会整体利益。

第四章为公用企业的董事会；公用企业不同于竞争性国有企业，董事会的构成及成员的选任亦不同于竞争性国有企业董事会的产生方式，境外公用企业高层的任免权往往需要为行政首脑、国家首脑或中央部门所控制，同时被任命者多具有官方的身份，较少以市场方式产生。[1] 这以立法思路也契合我国国有企业目前董事会的产生方式。

第五章为公用企业（公司）的监事会；其产生方式同董事会。

第六章公用企业的权利和义务；此部分重点在于划定公用企业的经营范围和特许的会计制度、绩效考核标准等。

---

[1]　贾小雷："公益类国有企业特殊法律规制的理论与实践"，载《北京行政学院学报》2014年第2期。

参考文献

一、中文著作

[1] 顾功耘主编：《国有经济与经济法理论创新》，北京大学出版社 2005 版。

[2] 顾功耘等：《国有资产法论》，北京大学出版社 2010 年版。

[3] 王保树、崔勤之：《工业企业法论纲》，时事出版社 1985 年版。

[4] 王保树、崔勤之：《全民所有制工业企业法》，北京工人出版社 1988 年。

[5] 王保树：《商法的改革与变动的经济法》，法律出版社 2003 年版。

[6] 厉以宁：《中国经济双重转型之路》，中国人民大学出版社 2013 年版。

[7] 徐武：《中国国有经济的实现形式和路径选择》，经济科学出版社 2005 年。

[8] 彼得·罗澜：《中国的崛起与俄罗斯的衰落：市场化转型中的政治、经济与计划》，浙江大学出版社 2012 年。

[9] 李建伟：《中国企业立法体系改革——历史反思与还重构》，法律出版社 2012 年版。

[10] 天则经济研究所课题组：《国有企业的性质、表现与改革》，天则研究所 2011 年。

[11] 史际春：《企业国有资产法理解与适用》，中国法制出版社 2009 年版。

[12] 汤维建《优胜劣汰的法律机制——破产法要义》，贵州人民出版社 1995 年版。

[13] 徐德敏、梁增昌：《企业破产法论》，陕西人民出版社 1990 年版。

[14] 徐学鹿主编：《市场主体法的基础理论与实务：破产法》，人民法院出版社 1999 年版。

[15] 陈永正：《所有权构造论：传统国有制之解构与全民所有制之重构》，四川大学出版社 2003 年版。

[16] 刘华：《经济转型中的政府职能转变》，社会科学文献出版社 2011 年版。

[17] 董辅礽：《经济发展研究（上、下卷）》，经济科学出版社 1997 年版。

[18] 赫尔曼·M·施瓦茨著，徐佳译：《国家与市场》，江苏人民出版社 2008 年版。

[19] 阿道夫·A·伯利、加德纳·C·米恩斯：《现代公司与私有财产》，商务印书馆 2007 年版。

[20] 哈罗德·德姆赛茨著，梁小民译：《企业经济学》，中国社会科学出版社 1999 年版。

[21] 沈宗灵、罗玉中、张骐编：《法理学与比较法学论集——沈宗灵学术思想暨当代中国法理学的改革与发展（下册）》，北京大学出版社、广东高等教育出版社 2000 年版。

[22] E·博登海默著，邓正来译：《法理学：法律哲学与法律方法》，中国政法大学出版社 1998 年版。

[23] 弗里德里希·卡尔·冯·萨维尼著，许章润译：《论立法与法学的当代使命》，中国法制出版社 2011 年版。

[24] 赵旭东主编：《新公司法讲义》，人民法院出版社 2005 年版。

[25] 赵旭东：《企业与公司法纵论》，法律出版 2003 年版。

[26] 孟德斯鸠著，张雁深译：《论法的精神》，商务印书馆 1997 年版。

[27] 奥利弗·E·威廉姆森、西德尼·G·温特主编，姚海鑫、邢源源译：《企业的性质——起源、演变和发展》，北京：商务印书馆 2008 年版。

[28] 张文魁、袁东明：《中国经济改革 30 年——国有企业卷》，重庆大学出版社 2008 年版。

[29] 汤普逊著，耿淡如译：《中世纪经济社会史（上册）》，商务印书馆 1997 年版。

[30] 凡勃伦著，蔡受百译：《企业论》，北京：商务印书馆 2012 年版。

[31] 成思危、厉以宁、吴敬琏、林毅夫等著，高尚全主编：《改革是中国最大的红利》，人民出版社 2013 年版。

[32] 理查德·T·德·乔治著，李布译：《经济伦理学》（第五版），北京：北京大学出版社 2002 年版。

[33] 王文宇：《新公司法与企业法》，中国政法大学出版社 2003 年版。

[34] 卡尔·拉伦茨著，陈爱娥译：《法学方法论》，商务印书馆 2003 年版。

[35]《中华人民共和国企业破产法》起草组编：《中华人民共和国企业破产法》释义，人民出版社 2006 年版。

[36] 漆多俊主编：《中国经济组织法》，中国政法大学出版社 2003 年版。

[37] 北京大学中国经济研究中心：《经济学与中国经济改革》，上海人民出版社 1995 年版。

[38] 史际春：《国有企业法论》，中国法制出版社 1997 年版。

[39] 余普等：《国有企业公司治理问题研究：目标、治理与绩效》，经济管理出版社 2009 年版。

[40] 经济合作与发展组织、李兆熙译：《OECD 国有企业公司治理指引》，中国财政经济出版社 2005 年版。

[41] 李晓西主编：《中国经济改革 30 年——市场化进程卷》，重庆大学出版社 2008 年版。

[42] 袁宝华、倪正茂：《全民所有制工业企业法讲话》，云南人民出版社 1988 年版。

[43] 李培传等编著：《全民所有制工业企业转换经营机制条例》讲座，工商出版社 1992 年版。

[44] 汪全胜：《制度设计与立法公正》，山东人民出版社 2005 年版。

[45] 俞可平主编：《海外学者论中国经济》，中央编译出版社 1997 年版。

[46] 张军：《比较经济模式：关于计划与市场的经济理论》，复旦大学出版社 1999 年版。

[47] 张守文：《财税法疏议》，北京大学出版社 2005 年版。

[48] 王世荣、陈丽洁、陈永杰编著：《承包经营责任制的法律问题——全民所有制工业企业承包经营责任制暂行条例》简析，机械工业出版社 1988 年版。

[49] 吴孝政：《从计划经济到市场经济：社会主义经济理论与实践的发展》，湖南人民出版社 1999 年版。

[50] 顾培东：《从经济改革到司法改革》，法律出版社 2003 年版。

[51] 吴敬琏：《当代中国经济改革》，上海远东出版社 2004 年版。

[52] 李寿生：《发达国家政府管理制度文库，经济管理制度卷》，时事出版社 2001 年版。

[53] 张连城主编：《发展中的经济理论与政策研究》，中国经济出版社 2006 年版。

[54] 丹尼斯•劳埃德：《法理学》，法律出版社 2007 年版。

[55] 约翰•奥斯丁著，刘星译：《法理学的范围》，中国法制出版社 2002 年版。

[56] 沈宗灵：《法理学 》（第二版），高等教育出版社 2009 年版。

[57] 张文显主编：《法理学》（第二版），高等教育出版社 2005 年版。

[58] 周旺生：《法理学》，北京大学出版社 2006 年版。

[59] 本杰明•N•卡多佐著，董炯、彭冰译：《法律的成长 法律科学的悖论》，中国法制出版社 2002 年版。

[60] 王保树主编：《非公司企业法制的当代发展》，社会科学文献出版社2009年版。

[61] 阿尼金著，晏智杰译：《改变历史的经济学家》，华夏出版社 2007 年版。

[62] 南开大学经济研究所等编：《改革开放以来经济理论在中国的发展和难题》，经济科学出版社 2004 年版。

[63] 柯尼希著，张泽荣译：《工业化发展规律与中国经济改革》，成都科技大学出版社 1992 年版。

[64] 辽宁大学经济系：《工业经济管理（资料选编）上》，辽宁大学经济系，1981 年版。

[65] 崔勤之、陈世荣：《全民所有制工业企业法通论》，中国标准出版社 1990 年版。

[66] 陈少英：《公司涉税法论》，北京大学出版社 2005 年版。

[67] 樊纲：《公有制宏观经济理论大纲》，经济管理出版社 2007 年版。

[68] 王一江等著，张早平、王义高编译：《国家与经济：关于转型中的中国市场经济改革》，北京大学出版社 2007 年版。

[69] 黄淳：《国家资助哲学社会科学国家重点研究课题：当代西方经济理论的新发展及其与我国经济体制改革的关系》，中国经济出版社 1998 年版。

[70] 洪虎：《国有经济改革与企业制度创新》，中央党校出版社 1998 年版。

[71] 严汉平等著：《国有经济逻辑边界及战略调整》，中国经济出版社 2007 年版。

[72] 顾昂然：《我经历的立法工作》，法律出版社 2009 年版。

[73] 罗•庞德著，董世忠、沈宗灵译：《通过法律的社会控制》，商务印书馆 1984 年版。

[74] 马凯、曹玉书主编：《计划经济体制向社会主义市场经济体制的转轨》，人民出版社 2004 年版。

[75] 李玉虎：《经济发展与法律制度变迁研究：以中国经济改革与法律发展为

视角》，中国检察出版社 2009 年版。

[76] 李义平：《经济改革理论热点探源——理论、现实、困境与出路》，陕西人民出版社 1991 年版。

[77] 吴亚卿：《经济改革新旧观念论》，海洋出版社 1992 年版。

[78] 单东：《经济理论与经济改革探索》，山西经济出版社 2005 年版。

[79] 尹水饮、杨峥晖编著：《巨变：1978 年—2004 年中国经济改革历程》，当代世界出版社 2004 年版。

[80] 陈永正：《传统国有制之解构与全民所有制之重构》，四川大学出版社 2003 年版。

[81] 王爱声：《立法过程：制度选择的进路》，中国人民大学出版社 2009 年版。

[82] 杨炼：《立法过程中的利益衡量研究》，法律出版社 2010 年版。

[83] 陈雪平：《立法价值研究：以精益学理论为视阈》，中国社会科学出版社 2009 年版。

[84] 粟丹：《立法平等问题研究》，知识产权出版社 2010 年版。

[85] 华定谟：《联有论》，华夏出版社 2001 年版。

[86] 李培传：《论立法》，中国法制出版社 2004 年版。

[87] 伍柏麟、席春迎：《西方国有经济研究》，高等教育出版社 1997 年版。

[88] 王新欣：《破产法论坛 第一辑》，中国法律图书有限公司 2008 年版。

[89] 王新欣：《破产法专题研究》，法律出版社 2002 年版。

[90] 最高人民法院《企业破产法讲座》编写组：《企业破产法讲座》，人民法院出版社 1990 年版。

[91] 罗树清：《求索——我的经济理论与实践》，中国经济出版社 1998 年版。

[92] 佟柔主编：《全民所有制工业企业法概论》，重庆出版社 1988 年版。

[93]《全民所有制工业企业法讲座》编写组：《全民所有制工业企业法讲座》，中国农业机械出版社 1988 年版。

[94] 卫兴华、余学本、张维达、姚展华：《全民所有制企业的活力与发展》，四川人民出版社 1992 年版。

[95] 史蒂芬·霍尔姆斯、凯斯·R·桑斯坦著，毕竞悦译：《权利的成本：为什么自由依赖于税》，北京大学出版社 2011 年版。

[96] 恽希良：《社会主义的脊梁——社会主义全民所有制》，西南财经大学出版社 1993 年版。

[97] 卫兴华、洪银兴、宋冬林等：《社会主义经济理论研究集萃：纪念新中国成立 60 周年》，经济科学出版社 2009 年版。

[98] 秦贤正等著：《谁是国有资产的真正所有者——全民所有制内在矛盾及分权式股份制》，华中理工大学出版社 1994 年版。

[99] 蒋家俊：《社会主义经济理论与经济体制改革：蒋家俊文集》，复旦大学出版社 2004 年版。

[100] 乔榛编著：《社会主义经济理论专题》，哈尔滨工业大学出版社 2004 年版。

[101] 林岗：《社会主义全民所有制研究——对一种生产关系和经济过程的分析》，求实出版社 1987 年版。

[102] 夏永祥主编：《社会主义市场经济理论（第二版）》，高等教育出版社 2006 年版。

[103] 林其屏主编：《十四大以来党对经济理论的探索与发展——经济理论的突破与创新》，红旗出版社 2001 年版。

[104] 张舫、向东升：《市场交易的立法与问题》，中国社会科学出版社 2008 年版。

[105] 王卫国：《市场主体法的基础理论与实务：破产法》，人民法院出版社 1999 年版。

[106] 陈少英：《税法基本理论专题研究》，北京大学出版社 2009 年版。

[107] 戴大奎主编：《工业企业法》，四川人民出版社 1990 年版。

[108] 钱颖一：《现代经济学与中国经济改革》，中国人民大学出版社 2003 年版。

[109] 赵旭东主编：《新公司法条文释解》，人民法院出版社 2005 年版。

[110] 赵旭东主编：《新公司法制度设计》，法律出版社 2006 年版。

[111] 赵旭东主编：《新旧公司法比较分析》，人民法院出版社 2005 年版。

[112] 赵晓雷：《新中国经济理论史》，上海财经大学出版社 1999 年版。

[113] 侯勃：《新中国社会与经济立法研究》，甘肃文化出版社 2010 年版。

[114] 杨洁勉：《战后西欧的国有经济》上海外语教育出版社 1988 年版。

[115] 柳思维、毛立言：《中国改革 30 年：经济理论发展与实践探索》，经济科学出版社 2009 年版。

[116] 王保树、崔勤之：《中国公司法》，中国工人出版社 1995 年版。

[117] 吕政、黄速建主编：《中国国有企业改革 30 年研究》，经济管理出版社 2008 年版。

[118] 张军：《中国经济改革的回顾与分析》，山西经济出版社 1998 年版。

[119] 李玉根主编：《中国经济改革的回顾与探索》，天津人民出版社 1992 年版。

[120] 刘学敏：《中国经济改革的经济学思考》，经济管理出版社 2003 年版。

[121] 王天义主编：《中国经济改革的理论与实践》，中共中央党校出版社 2005 年版。

[122] 马家驹：《中国经济改革的历史考察》，浙江人民出版社 1994 年版。

[123] 中国经济改革的新阶段。

[124] 林岗、王一鸣、黄泰岩：《中国经济改革发展报告：纪念新中国成立 60 周年》，经济科学出版社 2009 年版。

[125] 王建文：《中国商法立法体系：批判与建构》，中国法律出版社 2009 年版。

[126] 周树勇、卫国：《中国社会主义经济理论与实践》，中国经济出版社 2006 年版。

[127] 全国人大常委会法工委立法规划室：《中华人民共和国立法统计（2008 年版）》，中国民主法制出版社 2008 年版。

[128] 廖运凤：《转型时期中国经济改革与发展若干问题研究》，光明日报出版社 2003 年版。

[129] 张宇：《转型政治经济学 中国经济改革模式的理论阐释》，中国人民大学出版社 2008 年版。

[130] 王保树：《转型中的公司法的现代化》，社会科学文献出版社 2006 年版。

[131] 姚洋：《作为制度创新过程的经济改革》，格致出版社 2008 年版。

二、中文论文

[1] 顾功耘："国企类型化改革亟待法理应对"，《中国社会科学报》2013 年 4 月 24 日第 A07 版。

[2] 顾功耘："国企类型化改革路径"，《上海证券报》2013 年 12 月 19 日第 A02 版。

[3] 顾功耘："论国资、国企深化改革的政策目标与法治走向"，《政治与法律》2014 年第 11 期。

[4] 顾功耘："《公司法》的实施与完善刍议"，《法学》2004 年第 7 期。

[5] 顾功耘、胡改蓉："国企改革的政府定位及制度重构"，《现代法学》2014 年第 5 期。

[6] 王保树："《公司法》修改应追求适应性"，载《法学》2004 年第 7 期。

[7] 王保树：“完善国有企业改革措施的法理念”，《中国法学》2000 年第 2 期。

[8] 姚依林：“关于 1988 年国民经济和社会发展计划草案的报告”，www.npc.gov.cn，2011 年 11 月 1 日访问。

[9] 姜影：“法国国有企业管理体制改革的历程及成效”，《法学》2014 年第 6 期。

[10] 林毅夫：“经济学研究方法与中国经济学科发展”，《经济研究》2001 年第 4 期。

[11] 蒋一苇：“企业本位论”，《中国社会科学》，1980 第 1 期。

[12] 王朝明，李中秋：“关于当前国有企业改革的几个问题”，《当代经济研究》2015 年第 3 期。

[13] 项启源、何千强：“科学理解和积极发展混合所有制经济——关于改革和加强国有企业的对话”，《马克思主义研究》2014 年第 7 期。

[14] 贾小雷：“公益类国有企业特殊法律规制的理论与实践”，《北京行政学院学报》2014 年第 2 期。

[15] 程民选、王罡：“关于公益性国有企业的理论探讨”，《当代经济研究》2014 年第 3 期。

[16] 黄群慧、余菁：“新时期的新思路：国有企业分类改革与治理”，《中国工业经济》2013 年 11 月。

[17] 李济广：“国有经济的使命、效率及改革——天则经济研究所国有企业研究报告评析”，《探索》2013 年第 1 期。

[18] 汤吉军：“国有企业‘在位诅咒’与市场导向的改革思路”，《经济与管理研究》2014 年第 7 期。

[19] 朱富强：“国有企业改革的顶层设计思维——广东省国有企业改革方案的简要评述”，《南方经济》2014 年第 11 期。

[20] 宋政谦：“国有企业改革的回顾与国际借鉴”，《山东社会科学》2014 年第 5 期。

[21] 袁辉：“国有企业功能的历史透视与新时期定位”，《江苏行政学院学报》2014 年第 2 期。

[22] 陈少晖、廖添土：“国有企业进一步市场化改革的方向调适与路径选择”，《浙江学刊》2013 年第 1 期。

[23] 程承坪、程鹏：“国有企业性质：市场与政府的双重替代物”，《当代经济研究》2013 年第 1 期。

[24] 李跃平：“回归企业本质：国企混合所有制改革的路径选择”，《经济理

论与经济管理》2015 年第 1 期。

[25] 赵春雨："混合所有制发展的历史沿革及文献述评"，《经济体制改革》2015 年第 1 期。

[26] 陈林、唐杨柳："混合所有制改革与国有企业政策性负担"，《经济学家》2014 年第 11 期。

[27] 张国有："《建造国有企业的初衷——共和国初期阶段国有企业存在的理由》"，《经济与管理研究》 2014 年第 10 期。

[28] 陈美颖："类型化改革视角下国有企业之功能重构与立法调整"，《新疆大学学报》（哲学人文社会科学版）2014 年 7 月。

[29] 白景坤、丁军霞："辽宁竞争性国有企业改革的路径与对策研究——基于组织生态学视角"，《辽宁大学学报》（哲学社会科学版）2015 年 1 月。

[30] 张安毅："论公益性国有企业概念的理论缺陷与公共企业制度的建立——以中国国企分类改革为背景"，《东疆学刊》2014 年 10 月。

[31] 陈旭、杨俊："论市场'起决定性作用'条件下国有企业改革的两个方向"，《探索》2014 年第 4 期。

[32] 中国社会科学院工业经济研究所课题组："论新时期全面深化国有经济改革重大任务"，《中国工业经济》2014 年第 9 期。

[33] 杨卫东："论新一轮国有企业改革"，《华中师范大学学报》（人文社会科学版）2014 年 5 月。

[34] 王胜利："深化国有企业改革的本源和路径选择"，《现代经济探讨》2014 年第 5 期。

[35] 刘俊海："深化国有企业公司制改革的法学思考"，《中共中央党校学报》2013 年 12 月。

[36] 李保民、刘勇："十一届三中全会以来历届三中全会与国企、国资改革"，《经济研究参考》2014 年第 57 期。

[37] 赵奇伟、张楠："所有权结构、隶属关系与国有企业生存分析"，《经济评论》2015 年第 1 期。

[38] 邢鸿飞、李月："台湾公营事业民营化对大陆国有企业改革的启示"，《吉林大学社会科学学报》2013 年 3 月。

[39] 苗圩："推动国有企业完善现代企业制度"，《求是杂志》2013 年第 22 期。

[40] 程承坪，焦方辉："现阶段推进混合所有制经济发展的难点及措施"，《经济纵横》2015 年第 1 期。

[41] 盛毅："新一轮国有企业分类改革思路发凡"，《企业发展》2014 年第 12 期。

[42] 黄群慧、白景坤："制度变迁、组织转型和国有企业的持续成长——深入推进国有企业改革的生态学视角"，《经济与管理研究》2013 年第 12 期。

[43] 刘瑞明："中国的国有企业效率：一个文献综述"，《世界经济》2013 年第 11 期。

[44] 郭飞："中国国有企业改革：理论创新与实践创新"，《马克思主义研究》2014 年第 4 期。

[45] 葛守昆、梁洪基，"中国国有企业改革的本原问题与思路重置"，《现代经济探讨》2013 年第 3 期。

[46] 李东升、刘冰："中国国有企业改革的动力源机制"，《经济问题探索》2013 年第 9 期。

[47] 戚聿东、刘健："中国国有企业改革的未竟使命与战略设计"，《中州学刊》2015 年 2 月。

[48] 黄速建："中国国有企业混合所有制改革研究"，《经济管理》2014 年第 7 期。

[49] 汪珊："'经济体制改革的理论与实践研讨会'简介"，载《人民日报》1986 年 12 月 8 日第 5 版。

[50] 李正华："中日企业立法比较研究"，《比较法研究》1993 年第 3 期。

[51] 万其刚、苏东、黄成："当代中国的企业立法"，《当代中国史研究》1999 年第3期。

[52] 许平："'国进民退'的事实争议与价值反思"，《山东社会科学》2011 年第 2 期。

[53] 国务院国有资产监督管理委员会党委："坚定不移地推进国有企业改革发展"，《求是》2012 年第 10 期。

[54] 国家统计局工业司："从十六大到十八大经济社会发展成就系列报告之八"，2012-09-04。

[55] 武力、肖翔："中国共产党关于国有企业的发展与改革探索"，《湖南社会科学》2011 年第 2 期。

[56] 黄范章："须谨防在'国进'或'民进'掩护下的'官进'"，《经济学动态》2010 年第 10 期。

[57] 林裕宏："国企红利分配的民生导向探讨"，《中国财政》2013 年第 8 期。

[58] 马俊驹、余延满："所有权和经营权的分离是企业法的灵魂"，载《法学评论》1988 年第 3 期。

[59] 沈乐平："析工业企业法的基本原则"，载《中南政法学院学报》1989 年第 1 期。

[60] 周绍明："贯彻落实企业法，深化企业改革"，载《学习与研究》1992 年第 2 期。

[61] 盛杰民："全民所有制工业企业法"，《中国工商》1988 年第 6 期。

[62] 顾昂然："关于民法通则问题的报告"，《法学研究动态》1986 年第 10 期。

[63] 顾明："在《企业法》实施两周年座谈会上的讲话"，《管理现代化》1990 年 04 期。

[64] 张宇霖："贯彻《企业法》的问题与对策——兼论《全民所有制工业企业转换经营机制条例》的贯彻问题"，载《财经问题研究》1993 年第 1 期。

[65] 宁向东、吴晓亮："国有企业存在的原因、规模和范围的决定因素—— 一个关于企业产权类型的模型研究"，《财经研究》2010 年第 7 期。

[66] 李明发："建立现代企业制度与重构国家所有权的实现方式"，《法学》1994 年第 8 期。

[67] 中国管理现代化研究会："对《中华人民共和国全民所有制工业企业法》（草案）的讨论意见"，《管理现代化》1988 年第 2 期。

[68] 中国社科院工经所和《经济管理》编辑部联合召开《企业法》（草案）座谈会议资料："《企业法》亟待出台，但草案不足之处仍需加以完善——中国社科院工经所和本刊编辑部联合召开《企业法》（草案）座谈会"，《经济管理》1988 年 03 期。

[69] 沈乐平："析工业企业法的基本原则"，《中南政法学院学报》1989 年第 1 期。

[70] 宫希魁："告别全民所有制——世纪之交对一份经济思想遗产的再清理"，载《社会主义研究》2000 年第 6 期。

[71] 宁向东："国有企业治理现状"，《IT 经理世界》2006 年第 8 期。

[72] 《经济管理》编辑部："贯彻落实《企业法》是当前搞活企业的必由之路"，载《经济管理》1991 年第 10 期。

[73] 樊敏杰："我国国有经济的现状与改革的思路"，《现代商业》2011 年 14 期。

[74] 傅昭中："治国方略的历史性转变"，《四川师范大学学报》（社会科学版），1998 年第 4 期。

[75] 许崇德："迈向新世纪的根本大法——论九届全国人大对宪法的修改"，《现代法学》1999 第 2 期。

[76] 许崇德："充分认识宪法在中国特色社会主义法律体系中的统帅作用"，《求是杂志》2011 年第 7 期。

[77] 董和平："宪法修改的基本经验与中国宪法的发展"，《中国法学》2012年第4期。

[78] 明辉："现代转型背景下的经济与宪法秩序"，《中国农业大学学报》（社会科学版），2013 年第 3 期。

[79] 李正华："我国历次修改修正宪法有关经济制度内容的表现与特点"，《北京联合大学学报》（人文社会科学版），2007 年第 3 期。

[80] 郭延军："改善宪法与法律衔接状况初论"，《法学评论》2008 年第 1 期。

[81] 杨建顺："论政府职能转变的目标及其制度支撑"，《中国法学》2006 年第 6 期。

[82] 蒋健："改革开放以来我国政府职能转变的逻辑进路"，《攀登》2008 年第 5 期。

[83] 黄庆杰："20 世纪 90 年代以来政府职能转变述评"，《北京行政学院学报》2003 年第 1 期。

[84] 章文光："社会主义市场经济视野下的政府职能"，《学术界》2006 年第 1 期。

[85] 《宏观经济管理》编辑部："深化改革：从政府职能转变做起"，《宏观经济管理》2013 年 06 期。

[86] 侯保疆："我国政府职能转变的历史考察与反思"，《政治学研究》2003 年第 1 期。

[87] 姜成红："我国政府职能六十年的变迁与展望"，《北京行政学院学报》2009 年第 4 期。

[88] 李军鹏："政府机构改革前瞻"，《南风窗》2003 年第 2 期。

[89] 宋世明："行政体制改革的'表'与'里'"，《法制日报》2013 年 3 月 1 日。

[90] 刘作翔："市场经济条件下政府职能的几个问题—兼议政府职能的法制化"，《政法论坛》1994 年第 1 期。

[91] 《宏观经济管理》编辑部："深化改革：从政府职能转变做起"，《宏观经济管理》2013 年 06 期。

[92] 杨建顺：论政府职能转变的目标及其制度支撑，《中国法学》2006 年第 6 期。

[93] 中华人民共和国国务院新闻办公室："《中国特色社会主义法律体系》白皮书"，2011 年 10 月 27 日发布于中华人民共和国政府网，http://www.gov.cn/jrzg/2011-10/27/content_1979498.htm，2013 年 9 月 17 日访问。

[94] 李安明：“论加速政府职能转变——某市政府职能状况调查的实证研究”，《武汉大学学报》（哲学社会科学版）2005 第 2 期。

[95] 黄伯平：“政府职能的重大转变：从宏观调控再到宏观管理”，《北京行政学院学报》2013 年第 3 期。

[96] 国家经济贸易委员会：“建立与社会主义市场经济体制相适应的现代企业制度”，《人民日报》1993 年 12 月 21 日。

[97] 漆多俊：“中国公司法立法与实施的经验、问题及完善途径”，《中南工业大学学报》（社会科学版）2002 年第 1 期。

[98] 姜天波：“公司法修改的若干理论问题”，《人民司法》2005 年第 4 期。

[99] 龚红、宁向东：“国有企业转型过程中宏观与微观权力关系的渐进式变革”，《财经科学》2007 年第 1 期。

[100] 范恒山：“国有经济的战略调整与国有企业改革”，《经济社会体制比较》2001 年第 4 期。

[101] 史正保：“解读新《公司法》对国有独资公司制度的完善”，《经济研究参考》2007 年第 59 期。

[102] 杨绍华：“企业国有资产法：一部保障国有资产权益的重要法律——访全国人大常委会法工委副主任安建”，《求是》2009 年第 9 期。

[103] 王克稳：“《企业国有资产法》的进步与不足”，《苏州大学学报》（哲学社会科学版）2009 年第 4 期。

[104] 刘纪鹏：“《国有资产法》破冰 2006”，《法人》2006 年第 2 期。

[105] 赵梅：“浅议《企业国有资产法》的缺憾与对策”，《经济师》2009 年第 9 期。

[106] 张景文：“关于重新修订《破产法》的法律思考”，《中外法学》1995 年第 3 期。

[107] 李曙光：“现行《破产法》的缺陷及其重新完善”，《改革》1996 年第 1 期。

[108] 李曙光：“破产试点中应注意的几个问题”，《法学》1995 年第 4 期。

[109] 李永军：“重申破产法的私法精神”，《政法论坛》2002 年第 6 期。

[110] 周小全、兰莹：“重修《企业破产法》势在必行”，《法学杂志》1998 年第 2 期。

[111] 陈维：新破产法：“从国企利益到市场效率的转变”，《上海国资》2006 年第 10 期。

[112] 魏雅华：“《企业破产法》给中国经济带来什么”，《检察风云》2006 年 19 期。

[113] 戴孟勇：“身份的衰落——中国民商法三十年”，《政治与法律》2008 年 7 期。

[114] 汪全胜、金玄武："论立法后评估回应之法的废止"，《北京行政学院学报》2009 年第 5 期。

[115] 刘智峰："论政治体制改革是转变经济发展方式的关键"，《新视野》2013 年第 6 期。

[116] 蔡增正："市场经济中的政府职能与我国国有企业改革"，《深圳大学学报》（人文社会科学版）1998 年第 15 卷。

[117] 漆多俊："对国有企业几个基本问题的再认识"，《经济学家》1996 年第 2 期。

[118] 张连城："论国有企业的性质、制度性矛盾与法人地位"，《首都经济贸易大学学报》2004 年第 1 期。

[119] 宁向东、吴晓亮："国有产权国有企业存在的原因"，《财经研究》2010 年第 7 期。

[120] 胡岳岷："论国有企业的性质"，《江汉论坛》2005 年第 8 期。

[121] 张宇："正确认识国有经济在社会主义市场经济中的地位和作用"，《毛泽东邓小平理论研究》2010 年第 1 期。

[122] 邵传林："国有企业性质的比较制度分析"，《经济学动态》2011 年第 9 期。

[123] 道·诺斯："制度变迁理论刚要"，《改革》1995 年第 3 期。

[124] 邵宁："关于国有企业改革发展方向的思考"，《上海国资》2011 年 2 月。

[125] 何伟："关于经济体制改革几个问题的探讨"，《经济纵横》2012 年第 6 期。

[126] 胡洪曙、叶剑明："国有企业的性质、产权制度及国有企业改革"，《财政研究》2004 年第 8 期。

[127] 王军："国企改革与国家所有权神话"，《中外法学》2005 年第 3 期。

[128] 秦贤正："论全民所有制的内在矛盾（研究大纲）"，《中南财经大学学报》1993 年第 5 期。

[129] 黄庆杰："20 世纪 90 年代以来政府职能转变述评"，《北京行政学院学报》2003 年第 1 期。

[130] 新华社：《国务院批转国家经委、国务院体制改革办公室意见实行工业生产责任制要做好八项工作》，《人民日报》，1981 年 11 月 10 日。

[131] 国务院国有资产监督管理委员会研究室："坚持国企改革方向规范推进国企改制"，《人民日报》2004 年 9 月 29 日。

[132] 蓝定香、张埼："新时期大型国企产权多元化改革的难点与对策"，《经济纵横》2013 年第 3 期。

[133] 王霞、杨积勇："竞争性领域国有经济不公平市场地位及政策建议"，《合作经济与科技》2011 年 3 月号上。

[134] 陶杰："新加坡有效监管国有企业的启示"，《经济日报》2013 年 6 月 13 日。

[135] 杨明："韩国：机制激发国企活力"，《经济日报》2013 年 6 月 13 日。

[136] 廖伟径："俄罗斯：加强控制战略性行业"，《经济日报》2013 年 6 月 13 日。

[137] 简新华："论攻坚阶段的国有企业改革——国有企业深化改革必须正确认识的几个基本问题"，《学术研究》2012 年第 10 期。

[138] 徐伟、王波："国有资本从竞争性行业中退出的辩证思考"，《中国软科学》，2000 年第 9 期。

[139] 王仪祥："国有企业不宜完全退出竞争性领域"，《经济学动态》2010 年第 10 期。

[140] 江平教授的观点来自《"再次定位国有企业"高层论坛综述 [一]》，ttp://www.unirule.org.cn/secondweb/Article.asp?ArticleID=2968，2013 年 9 月 14 日访问。

[141] 谭浩俊："国有企业该如何回归市场？"，《北京青年报》2013 年 7 月 1 日。

[142] 胡岳岷："论国有企业的性质"，《江汉论坛》2005 年第 8 期。

[143] 王文杰："大陆国有企业改为公司制探讨"，《政大法学评论》第 56 期。

[144] 贾康的观点，摘自《"再次定位国有企业"高层论坛综述 [一]》，ttp://www.unirule.org.cn/secondweb/Article.asp?ArticleID=2968，2013 年 9 月 14 日访问。

[145] 陈宪："国有企业改革共识的底线"，《21 世纪经济报道》2013 年 5 月 23 日。

[146] 蒋海勇："企业国有资产法的立法修订建议—从国有资产保护视角"，《广西财经学院学报》2010 年第 6 期。

[147] 张东明："德国国有企业改革的启示与借鉴"，《财政研究》2013 年第 1 期。

[148] 刘建辉："论改革与宪法的冲突及协调"，《广西社会科学》2016 年第 3 期。

[149] 谢立斌："论财产权的保护范围"，《中国法学》2014 年第 4 期。

[150] 江平："实施宪法需要注意的几个问题"，《人民法治》2015 年第 C1 期。

[151] 娄成武、董鹏："中国政府改革的逻辑理路——从简政放权到供给侧改革"，《贵州社会科学》2016 年第 7 期。

[152] 胡建淼："认真学习深刻领会党的十八大关于'依法治国'的精神"，《国家行政学院学报》2013 年第 1 期。

[153] 信春鹰："中国特色社会主义法律体系及其重大意义"，《法学研究》2014 年第 6 期。

[154] 李适时："不断完善以宪法为核心的中国特色社会主义法律体系（上）"，

《中国人大》2015 年第 12 期。

[155] 冯玉军："完善以宪法为核心的中国特色社会主义法律体系——习近平立法思想述论"，《法学杂志》2016 年第 5 期。

[156] 周旺生："法的功能和法的作用辨异"，《政法论坛》2006 年第 5 期。

[157] 段宇波、侯芮："作为制度变迁模式的路径依赖研究"，《经济问题研究》2016 年第 2 期。

[158] 韩毅："'路径依赖'理论与技术、经济及法律制度的变迁"，《辽宁大学学报》（哲学社会科学版）2010 年第 5 期。

三、外文著作

[1] Henry B. Hansmann, "The Role of Nonprofit Enterprise", 89 Yale Law Journal (1980).

[2] Henry B. Hansrnann, "Reforming Nonprofit Corporation Law", 129 University of Pennsylvania Law Review (1981).

[3] Koppell, J.G.S. (2007), "Political control for China's state- owned enterprises", Governance: An InternationalJournal of Policy, Administration, and Institutions 20(2): 255-278.

[4] James J. Fishman, "Standards of Conduct for Directors of Nonprofit Corporation", 7 pace Law Review (1986-1987).

[5] Thomas H. Boyd, "A Call to Reform the Duties of Directors Under State Not-For-Profit Corporation Statutes", 72 Iowa Law Review (1987).

[6] Avner Ben-Ner, "Book Review: Who Benefits from the Nonprofit Sector? Reforming Law and Public Policy towards Nonprofit Organizations", 104 Yale Law Journal (1994).

[7] HurryW.Jones. The Creative Power and Fuction of Law in Histrical Perspective, 17 Vanderbilt Law Review 135. (1963).

[8] See, F. A. Hayek, The Constitution of Liberty, Routledge & Kegan Paul Ltd, 1960, London, p.

[9] Model Nonprofit Corporation Act (Third Edition, August 2008), the website of Alabama Law Institute, http:// ali.state.al.us/.

[10] Welter Gellhem: The Legisletive and Administrtive Response to Stability and Change. 17 Vanderbilt Law Review 91. (1963).

[11] Hathaway, Oona A. the Path Dependence in the Law:The Course and Pattern of Legal Change in a CommonLaw System, Iowa Law Review,January, 2001.

附　录

一、调查问卷

《中华人民共和国全民所有制工业企业法》调查问卷

您好，

我是中南财经政法大学法学院副教授——吴京辉，为了推动我国企业立法的科学化，清理过时的法律法规，我需要了解《全民所有制工业企业法》的实施现状以及存在的问题，希望您在百忙之中能抽出时间，完成问卷。本问卷采取匿名方式，不会泄露您的任何个人信息，谢谢您的配合！

性别：＿＿＿＿＿＿　所在单位：＿＿＿＿＿＿

1、请问您的年龄是＿＿＿＿？

A. 18 岁以下（不包括 18 岁）　　B 18 岁—30 岁　　　　C 31 岁—40 岁

D. 41 岁—50 岁　　　　　　　　E 51 岁—60 岁　　　　F 60 岁以上

2、请问您的文化程度为？

A 没有上过学　　B 小学　　C 初中　　D 中专 / 技校 / 高中　　E 大专及以上

3、请问您是否知道《全民所有制工业企业法》？

A. 是　　　　B 否

4、第一条规定"为保障全民所有制经济的巩固和发展，明确全民所有制工业企业的权利和义务，保障其合法权益，增强其活力，促进社会主义现代化建设，根据《中华人民共和国宪法》，制定本法。"而宪法已经修改了，您认为此条文

A．应当保留

B．应当修改，如果修改，应当做怎样的修改？

C．应当废除

D．不知道

5、第二条规定："全民所有制工业企业（以下简称企业）是依法自主经营、自负盈亏、独立核算的社会主义商品生产和经营单位。企业的财产属于全民所有。"你认为国有企业的财产如何为全民所有？

A．以交税的方式

B．以上缴红利的方式

C．以支付养老保险基金的方式

D．国有企业财产不可能为全民所有

E．国有企业财产应该为国家所有

6、第三条规定"企业的根本任务是：根据国家计划和市场需求，发展商品生产，创造财富，增加积累，满足社会日益增长的物质和文化生活需要。"您认为国有企业的目的应当是什么？

A．追求利润

B．提供公共产品和公共服务

C．执行国家计划

D．不知道

7、第四条和第五条要求企业必须坚持坚持社会主义方向。这样的内容，您认为应当

A．应当保留

B．应当修改

C．应当废除，如果修改，应当做怎样的修改？

D．不知道

8、第六条规定："企业必须有效地利用国家授予其经营管理的财产，实现资产增殖；依法缴纳税金、费用、利润。"您所知道的国有企业交利润了吗？（可多选）

A. 依法交了

B. 适当地交了

C. 没有交

D. 不知道

E. 感觉这条规定不起作用

9、第九条规定："国家保障职工的主人翁地位，职工的合法权益受法律保护"。你怎样理解主人翁地位

A. 就是劳动法调整的劳动者

B. 就是企业的所有者

C. 就企业的主任

D. 不知道

10、第二十二条规定："在国家计划指导下，企业有权自行安排生产社会需要的产品或者为社会提供服务。"市场经济改个已经近 30 年了，您认为国有企业还需要国家计划吗

A. 需要

B. 有的需要

C. 不需要

D. 不知道

11、《企业法》有很多赋予企业权利的规定，但是附加了"国务院另有规定的除外"。你认为这样的附加应当

A. 应当保留

B. 应当修改

C. 应当废除

D. 不知道

12、《企业法》规定企业生产要执行国家计划，定价有国务院规定由物价部门和有关主管部门控制价格的以外，企业有权自行确定产品价格、劳务价格。您认为这样的规定符合市场经济要求吗

A．不符合

B．符合

C．在一定范围内，政府还是应当控制价格

D．不知道

13、您认为现在国有企业工作人员的工资和奖金收入合理吗？（第三十条规定"企业有权确定适合本企业情况的工资形式和奖金分配办法"。）

A．应当保留

B．应当修改

C．应当废除

D．不知道

14、据您所知，国有企业的领导是怎么产生的？（针对《企业法》第四十四条的规定：厂长的产生，除国务院另有规定外，由政府主管部门根据企业的情况决定采取下列一种方式：（一）政府主管部门委任或者招聘。（二）企业职工代表大会选举。政府主管部门委任或者招聘的厂长人选，须征求职工代表的意见；企业职工代表大会选举的厂长，须报政府主管部门批准。政府主管部门委任或者招聘的厂长，由政府主管部门免职或者解聘，并须征求职工代表的意见；企业职工代表大会选举的厂长，由职工代表大会罢免，并须报政府主管部门批准。）

A．上级领导委任，职工无权过问

B．职工民主选举，上级领导决定

C．前两种都有可能

D．不知道

15、您认为国有企业的重大问题（经营方针、章程、合并分立等）应当由下列哪些部门决定？（针对《企业法》第四十七条规定：企业设立管理委员会或者通过其他形式，协助厂长决定企业的重大问题。管理委员会由企业各方面的负责人和职工代

表组成。厂长任管理委员会主任。)

A. 同级国资委

B. 上级主管部门

C. 职工代表大会

D. 同级人大

E. 企业厂长或法定代表人

F. 同级政府

G. 不知道

16. 在市场经济条件下，你认为《企业法》第五十五条："政府或者政府主管部门依照国务院规定统一对企业下达指令性计划，保证企业完成指令性计划所需的计划供应物资，审查批准企业提出的基本建设、重大技术改造等计划；任免、奖惩厂长，根据厂长的提议，任免、奖惩副厂级行政领导干部，考核、培训厂级行政领导干部。"

A. 应当保留

B. 应当修改

C. 应当废除

D. 不知道

17. 您认为目前的国有企业是由市场引导还是政府引导，（针对《企业法》第五十六条　政府有关部门按照国家调节市场、市场引导企业的目标，为企业提供服务，并根据各自的职责，依照法律、法规的规定，对企业实行管理和监督。（一）制定、调整产业政策，指导企业制定发展规划。（二）为企业的经营决策提供咨询、信息。（三）协调企业与其他单位之间的关系。（四）维护企业正常的生产秩序，保护企业经营管理的国家财产不受侵犯。（五）逐步完善与企业有关的公共设施。

A. 大部分企业在执行政府计划

B. 大部分企业有市场引导

C. 国有企业既由市场引导，又由政府引导

D. 不知道

18. 第五十八条："任何机关和单位不得侵犯企业依法享有的经营管理自主权；不得向企业摊派人力、物力、财力；不得要求企业设置机构或者规定机构的编制人数。"

您认为这一条文：

A. 应当保留

B. 应当修改

C. 应当废除

D. 不知道

二、访谈提纲

1. 国有企业的领导人薪酬是否合理？如果太低，会不会降低国企董事长的工作热情？会不会导致"五九"现象？

2. 您认为国有企业还是民营企业的产品质量更可信？

3. 您认为房价高企是由国有企业进入房地产行业导致的吗？

4. 国有企业应该退出竞争行业吗？

5. 如果军工企业也允许民营，那么在利益的驱动下，如何防范甲午战争中的炮弹打不响之类的严重的质量问题？

6. 如果铁路公司改制成上市公司，您认为会带来出行难，还是服务更加周到、价格更加合理？会对航空业带来哪些影响？

后　记

在《中共中央、国务院关于深化国有企业改革的指导意见》出台之际，本人博士后出站报告获得出版资助，既欣喜又焦虑：获得出版资助既可以证明本选题的价值，也省却和出版社的交涉时间和精力。然而，出站报告是在 2013 年成稿的，两年来，我国国有企业改革步伐加快，新的认识和新的研究成果以及新的改革成果改变了本书的写作背景，加大了本书的修改工作量，也是出版社反复催稿的原因所在。

时间回溯到博士后出站报告的写作过程，本书选题获得我的合作导师顾功耘教授的同意并得到顾老师的悉心指导，他反复强调科学研究要严谨、务实、求真。正是顾老师的教诲约束了我的研究过程。为了取得调研数据，我在重庆学习期间，利用暑假在解放碑和三峡广场发放问卷，还好有路人在高温下的合作。成稿之后，顾老师多次提出高屋建瓴而又细致的修改意见，本书能够出版，凝聚了顾老师的心血，在十分忙碌的工作之余，暑热之际，顾老师抽空为我撰写序言。顾老师提携后进、不遗余力，常常鞭策我不敢懈怠。

出站报告的答辩会上，罗培新老师、吴弘老师、沈贵明老师、肖国兴老师都从不同的角度提出了宝贵的修改意见，并鼓励我不忘初心、继续研究。感谢上述老师的点拨和鼓励。

我的同门李政辉、钟刚、赵晓钧、刘运宏、武俊桥、胡震远毫无保留地分享了自己的写作经验，感谢他们帮我消除了写作中的许多困惑。

本报告能够出版，得益于中南财经政法大学三位匿名审稿专家的慧眼，感谢三位专家的认同、扶掖。

谢谢我的助手 2015 级研究生周亚洲同学帮我做的部分校对工作。

时间仓促，智识有限，本研究也只是开端，在新的形势下，后续研习即将继续进行，欢迎读者批评指正，以助后期提高研究水平，谢谢。

吴京辉

2016 年 9 月 25 日于南湖法学图书馆